LE NECRONOMICON
DU NOUVEAU MILLÉNAIRE

Le grimoire
égypto-babylonien

(Liber N)

LE NECRONOMICON
DU NOUVEAU MILLÉNAIRE

Le grimoire égypto-babylonien

Édité par Joshua Free
Traduit de l'anglais par David Zibert

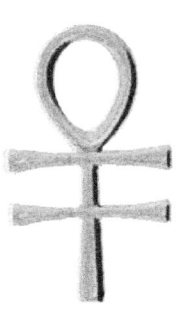

Titre original : **Necronomicon of Joshua Free** *(Liber N)*

Édition française révisée © 2009–2020, Joshua Free

Mardukite Truth Seeker Press

mardukite.com
necrogate.com

Aucune partie de cet ouvrage ne peut être reproduite sous n'importe quelle forme ou n'importe quel moyen, électronique ou mécanique, incluant la photocopie, l'enregistrement, ou par toutes formes de systèmes de stockage d'informations, sans la permission écrite de l'éditeur.

**VOICI
LE LIVRE
DES MORTS,
NOS ANCÊTRES.
Il S'AGIT
ÉGALEMENT
DU LIVRE
DES MOURANTS
(QUI SONT LES
VIVANTS).**

**QUE LES
SAGES PARMI
LE PEUPLE
SE RASSEMBLENT
POUR ENTENDRE LES
MOTS,
ET QUE LES
PÈRES LES DISENT
À LEURS FILS...**

**CHAMBELLANS
MARDUKITES
CANADIENS**

MARDUKITE

LE NECRONOMICON (LIBER N)
TABLETTE DES MATIÈRES

— Préface à la deuxième édition (Juin 2009) ... 9

— Préface à la première édition (Mai 2009) ... 14

— Une introduction aux études nécronomiques ... 17

— Le Necronomicon de Joshua Free ... 28

LE NECRONOMICON

Tablette A —
   Le livre des Anunnaki, des Guetteurs et
   des Igigi ... 39

Tablette B —
   Le livre des Portes Stellaires Bab.Ili ... 72

Tablette C —
   Le livre des traversées et du Sous-monde ... 98

Tablette F —
   Le livre des cinquante noms de Marduk ... 142

Tablette G —
   Le livre des générations et la naissance
   de l'homme ... 155

Tablette K —
   Le livre de la royauté et du sang du dragon ... 171

Tablette M.0 —
    Le livre des exorcismes et des bannissements
        Maklu ... 189

Tablette N —
    Le livre de la némésis et l'Enuma Elis ... 198

Tablette R —
    Le livre du retour et des derniers jours ... 215

APPENDICE

Discussions et questions (*Liber N*) ... 231

Catalogue des tablettes mardukites ... 232

**CHAMBELLANS
MARDUKITES
CANADIENS**

PRÉFACE À LA DEUXIÈME ÉDITION

Quelque part, un jour, vous avez entendu pour la première fois le mot:

NECRONOMICON

Plus qu'un simple livre inventé par un écrivain d'horreur fantastique, ou le produit d'investigations mésopotamiennes intensives durant les années 1970, le *Necronomicon* est une partie intégrale de la conscience humaine, un archétype primordial qui a existé dans les recoins de l'esprit depuis des milliers d'années.

Au cours de ce « nouvel âge » empli de renouveaux d'anciens paganismes et de spiritualités orientés vers la Terre, le druidisme et la magie sont des réponses naturelles: l'état du monde demande un virage complet de la conscience humaine. Et bien que H.P. Lovecraft a peut-être fait allusion à une telle tradition il y a de cela une centaine d'années (même si seulement au niveau du subconscient) et que les années 1960 furent témoins d'une renaissance pratique gigantesque dans ces traditions, ce fut vraiment vers la fin des années 1970 qu'un éveil grand public synchronisé, bien que séparé, eut lieu: l'intérêt renouvelé dans les plus antiques mystères sumériens et babyloniens, et spécifiquement le rôle des *Anunnaki*, ces « Grands Dieux » qui autrefois marchèrent sur Terre et qui devinrent les personnages de nos anciennes mythologies autour du globe.

Depuis l'arrivée du *Necronomicon* de « Simon » et de *La douzième planète* de Zecharia Sitchin à la fin des années 1970, ces mystères sont devenus le point central de l'underground occulte. Ils mettent en lumière la « véritable tradition » de la Grande École à Mystères qui est autrement passée inaperçue dans la « pop culture » du monde métaphysique grand public. Bien que de rares hauts prêtres ou druides ont pu obtenir une certaine reconnaissance avec la publication du Livre des Ombres de leurs groupes, ou certains médiums télévisés ont pu faire carrière en menant des femmes au foyer solitaires vers la lumière, c'est en fait le *Necronomicon* « simonien » qui s'est élevé en tant qu'unique best-seller de l'occultisme pratique avec plus d'un million d'exemplaires en circulation... sans oublier ceux qui furent reproduits de manière non officielle autant par les fanatiques que les sceptiques. Dans la littérature non fictive, cela représente de grosses affaires. Dans le domaine de la reconstitution néo-païenne, il s'agit d'un intérêt sérieux. Et, dans l'ombre d'un âge de nouvelles lumières, ayant le visage d'une génération « illuminatienne-gnostique-da-Vincienne-pré/post-2012 »... c'est énorme!

Il n'y a aucune raison de croire à des idées comme quoi le livre en soi va « provoquer » la folie ou mener à des activités criminelles, comme cela fut suggéré par le passé. Nous pouvons apprécier l'idée de « déclencheurs de la psyché », mais une personne étant « saine d'esprit » ne répondra pas activement à des stimuli passifs (films, images, livres, etc.) à moins que la prédilection ne soit déjà présente. Des commentaires concernant la « dangerosité » et la « crédibilité » du *Necronomicon* se trouvent ailleurs dans le présent ouvrage.

Après avoir lu et travaillé avec le matériel du *Necronomicon* de Simon, je fus immédiatement laissé avec l'impression que le livre que je tenais entre mes mains était «incomplet». *Il y avait plus à cette histoire...*

Pour moi, le *Necronomicon* faisait allusion à une tradition, peut-être la plus ancienne tradition, encore plus ancienne qu'elle-même. L'œuvre n'était pas «en avance sur son temps», mais essayait plutôt «de rattraper son temps», cherchant ainsi à préserver, peut-être à partir de la mémoire de son auteur prétendument arabe, les connaissances et traditions d'un clergé mourant, une présentation étant donc au mieux de seconde main. L'ouvrage a ensuite été transcrit en Grecque, qui fut la source pour la version des éditeurs de l'édition simonienne. Cela a selon moi du sens, puisque mes recherches démontrent que les «sceaux magiques» qui prennent une grande importance dans cette édition sont d'origine «hermétique» et non pas nécessairement sumérienne ou mésopotamienne. Vous pouvez dessiner n'importe quel sceau, lui donner un nom et ainsi fragmenter une existence séparée qui s'apparente à une entité. Faites en sorte que des gens l'utilisent et lui donne de l'énergie via une «magie de grimoire» et voilà. Vous n'avez pas vraiment besoin de quelconque matériel préexistant pour exécuter des «travaux spirituels» — du moins pas comme ceux dont les mystiques font l'expérience. Toutefois, des symboles occultes équivalents se trouvent dans l'iconographie des «sceaux» et des «épitaphes» des Rois Dragons d'Égypte et de Mésopotamie anciennes afin de préserver les noms et les faits des dirigeants et de leurs ancêtres, un concept qui n'est pas complètement étranger à ces supposés Livres des Noms Morts.

J'ai en fait été introduit au travail de Zecharia Sitchin relativement tard dans les presque deux décennies que j'ai dédiées aux Grands Mystères. Le travail de Sitchin a servi à confirmer plusieurs conclusions importantes auxquelles j'étais indépendamment arrivé. Tout d'abord, que ces êtres qui sont apparus dans nos anciennes mythologies en tant que « Dieux » (incluant les rencontres divines mentionnées dans l'Ancien Testament) partagent une origine commune, appelé ANUNNAKI par certain, et que cela est une clé très importante dans la compréhension de l'évolution compliquée de la tradition originale qui s'est développée pour devenir les systèmes variés qui émergent du nouvel âge. Par exemple, la tradition a trouvé écho aux abords de la rivière Danube en Europe par nul autre que les « Tuatha d'Anu » ou « Enfants d'ANU » en ce que nous appelons aujourd'hui le « druidisme ». De plus, si tous ces concepts ont pour thème central une forme d'intelligence extra-terrestre interdimensionnelle, alors certainement les fondements de tous les savoirs religieux, mystiques et même anthropologiques modernes sont en sérieux besoin de réévaluation. Une telle réévaluation est la direction souhaitée par le présent éditeur en apportant de nouvelles lumières sur ces mystères à travers un médium et à une époque où elles seront le mieux reçues, ou prophétiquement perçues comme étant nécessaires. Il faut comprendre que l'intention de cet ouvrage n'est pas de remplacer ni même de faire concurrence avec l'ouvrage simonien, mais devrait plutôt le valider, comme aussi de nombreuses autres traditions qui ont émergé autant en publique qu'en privé, pouvant maintenant être interprétées à nouveau à la lumière d'un courant pur d'ancien savoir.

Cet ouvrage fut conçu à l'origine afin de valider la reconstruction d'un mouvement « Mardukite », qui était en fait à la base des clergés mystiques de l'ancienne Babylone et d'Égypte et qui est ensuite devenu la source d'un éventail diverse de traditions pratiques. Plus que cela, toutefois, le *Necronomicon* est dévoilé au public dans cette présente condition pieuse afin de donner une nouvelle fraîcheur concernant le livre dans la conscience humaine qui n'est pas simplement voilée dans un moule d'horreur fantastique gothique. Les éléments de cette nature ne se trouvent pas dans le présent texte, qui fut préparé pour les prêtres et les prêtresses de cette tradition, et non pas comme un grimoire de la voie de la main gauche servant à effrayer les amateurs qui, de toute façon, ne seront sans aucun doute aucunement capables de comprendre assez ces mystères pour être en mesure d'en abuser.

~ NABU, *Joshua Free*
Bureau Maison Mardukite de Denver
Solstice d'été — 21 Juin 2009

PRÉFACE À LA PREMIÈRE ÉDITION

Depuis une décennie, j'ai cherché à me repentir de la petite blague à propos du *Necronomicon* que nous avons fait en 1999 à Crystal Dawn Press avant les jours des Ministères mardukites et même de *Merlyn's Magick*. Cela serait passé complètement inaperçu si ce n'était des recherches inquisitives de Daniel Harms qui « m'interviewa » pour son livre *Necronomicon Files* en 2000. Bien que sa présentation des « Merlyn Stone Chronicles » fût loin d'être favorable, elle servit tout de même en tant que confirmation commerciale comme quoi nous existions à l'époque, puisque cela fut remis en question durant mes sept années d'absence dans l'underground.

Plus alarmante que la critique de notre pseudo-Necronomicon, qui était de toute évidence le fruit d'amateurs, est la critique du *Sorcerer's Handbook* de Merlyn Stone dans le même ouvrage, mais par le coauteur John Wisdom Gonce III. Bien que j'ai commenté de manière exhaustive ces critiques sur YouTube et sur d'autres forums, le présent lecteur n'est peut-être pas familier avec ces matériels. En bref, la jalousie évidente de Gonce à propos du succès littéraire d'un « Merlyn Stone » adolescent (qui eux 2000 exemplaires du *Sorcerer's Handbook* imprimés à l'âge de 17 ans) est claire. Je fus agréablement surpris de voir « Simon » dédié une grande partie de son récent livre *Dead Names* à « répondre » à plusieurs des points de logiques blasés de l'auteur du *Necronomicon Files*.

Durant mes recherches approfondies avec les Chambellans mardukites il devint très évident, alors que nous creusions toujours plus loin dans les sources du *Necronomicon*, que le « grimoire » que nous découvrions n'avait rien à voir avec la notion familière de « livres de magie » qui vient habituellement à l'esprit des gens, comme les *Clés de Salomon*, ou le *Goetia*, mais était plutôt une collection de ce qui semblait être les plus anciens écrits de la planète, la base des plus anciennes croyances religieuses et aussi les fondements mêmes de toutes les traditions et voies qui sont venus après, incluant le Judaïsme et l'Ancien Testament.

Il était également logique que de s'étendre jusqu'aux plus anciennes sources fût la seule vérité réelle à avoir dans cette quête, ne révélant pas un « grimoire de sorts de magiciens », mais plutôt une « bible de prêtre » avec des intentions bien plus pures, comme quoi: à travers la Véritable Connaissance, le Pouvoir. Le fruit de nos recherches ressemblait effectivement à certains éléments de magie pieuse et sacerdotale, de style « Abramelin » enracinés dans le dévouement et l'engagement plutôt qu'un guide du sorcier pour l'acquisition de plaisirs mondains.

Un des commentaires les plus décevants auxquels je suis habituellement confronté est: « Le *Necronomicon* est faux ». Je me demande souvent dans quel contexte légitime de telles suppositions sont faites, ainsi qu'à quoi elles font en fait référence. Le matériel central du présent livre n'est ni lovecraftien ni simonien, en excluant les références. L'autre obstacle auquel je fais également souvent face est: « Le *Necronomicon* est dangereux », et ce qui me semble encore plus ridicule est que cela est souvent accompagné du commentaire précédent. S'il n'y a rien de valide dans cet ouvrage, comment peut-il être dangereux? ... excepté qu'en ce qui nous concerne, nous avons découvert qu'il révèle en fait une réalité très sombre non seulement à propos de notre monde, mais aussi sur comment l'humanité fut créée. Ainsi, cette vérité, lorsque comparée aux traditions qui la suivirent, est l'exemple à suivre le plus ancien, le plus parfait, le plus complet et le plus logique. De plus, ce qui est peut-être la direction de nos recherches la plus intéressante, est lorsque nous sommes arrivés à la conclusion que la majorité des critiques négatives concernant le mythos présenté dans le *Necronomicon* simonien proviennent du fait qu'il s'agit d'un texte sumérien, alors que nous avons prouvé qu'il s'agit plutôt d'un texte babylonien!

Il sera curieux de voir la réception de ce présent ouvrage, un « Necronomicon *du nouveau millénaire* » apportant un savoir pur et ancien concernant les sujets les plus chauds de notre époque et de toutes les époques, comme le divin, la création, les extra-terrestres, les humains, la religion, les traditions magiques panthéistes, les dimensions alternatives, les portails et la vie après la mort. Qu'est-ce qu'un chercheur peut désirer de plus?

~ NABU, *Joshua Free*
Bureau Maison Mardukite de Denver
Beltane — 1er Mai 2009

UNE INTRODUCTION AUX ÉTUDES NÉCRONOMIQUES

Tout le monde pense savoir tout à propos de tout et le sujet du *Necronomicon* ne fait certainement pas exception. Les gens « croient » qu'ils savent ce qu'ils savent à propos de n'importe quel sujet en se basant sur la perception de leurs propres « expériences ». Ils continuent de valider les choses à partir de ces expériences et les choses continuent à être réelles à l'intérieur de ces expériences. Voilà ce qu'est la « réalité ». C'est ce que vous percevez comme étant « réel », ce qui signifie que votre manière de percevoir le monde continuera de se conformer à vos croyances concernant votre monde, comme cela fut prouvé encore et encore. Des courants énergétiques existent en toutes choses, qu'elles soient vivantes ou non, et ce dont vous faites l'expérience n'est que la forme la plus condensée des courants énergétiques ici, dans le « monde physique ». Ainsi, à moins que vous n'enleviez tous les filtres dans l'honnêteté-en-soi, vous ne pouvez pas percevoir les choses comme elles sont vraiment, et les sémantiques et terminologies servent seulement de blocages à la psyché. Par exemple:

PAÏEN.

Dépendamment de vos croyances préexistantes à propos de ce mot, ainsi que de vos véritables expériences antérieures, vous êtes certain d'avoir une réaction, positive ou négative. La réaction peut être ou ne pas être bien fondée. Pour débuter cette petite leçon de sémantique, un « païen » est littéralement un habitant d'une région rurale, occupant ainsi un espace à l'extérieur du « royaume ».

Si vous vivez à l'extérieur du royaume et êtes autosuffisants, vous ne faites alors pas partie du royaume et n'êtes pas assujetti à ces systèmes. Même aujourd'hui, nous pourrions considérer la vie rurale comme étant un moyen de subsistance, à l'opposé du fait de vivre en ville, comme étant « insensé ».

Toute cette question de ce qui est réel ou irréel est un problème philosophique qui n'affecte pas seulement le monde magique et métaphysique, mais bien toutes les sciences, religions et, en fait, toutes perceptions personnelles de la vérité. Le mot « réalité » provient de la racine indo-européenne « reg » (comme dans les mots « région » et « régulier ») qui est relié à un « instrument de mesure » ou une « règle » (en anglais « ruler », qui veut également dire « roi » ou « régent », « règne »). Le mot « sain » (comme dans « sain d'esprit ») est relié à ce qui est « propre » ou « salubre » et en pratique, il était de la fonction du roi ou « régent » du « monde réel » ou « royaume » de dicter les « règles » de ce qui est « réel » et « irréel » par lesquels ce qui est « sain d'esprit » est déterminé. La conclusion: ceux qui sont en accord avec les règles du royaume sont sains d'esprit et propres et ceux qui ne le sont pas sont insensés ou malades mentaux.[1]

Et combien de gens ont entendu l'implication comme quoi lire un *Necronomicon* provoque la folie? Qu'est-ce que cela signifie exactement? Est-il possible que le

---

[1] Voir aussi Simon, *Gates of the Necronomicon*. À ne pas confondre avec l'ouvrage du même titre par Joshua Free.

mythos qu'il contient ne provoque pas, comme cela est suggéré, la folie, mais mène plutôt le chercheur à voyager en dehors de ce qui est perçu comme étant réel et vrai à l'intérieur du royaume – impliquant la destruction de l'entièreté des systèmes sociaux et économiques et la réalisation que nous avons été des pions dans un jeu d'intelligences extra-terrestres! Ce monopole de la vérité n'est pas simplement restreint à un livre appelé *Necronomicon* et s'étend en fait à de nombreux autres sujets connexes de grands intérêts pour l'être humain. Un bon exemple de cela est ce qu'on appelle le grand « Déluge ».

Les sources traditionnelles attribuent les aspects conflictuels de cet événement à une seule déité: Yahweh. Mais les textes antérieurs mésopotamiens de sources post-sumériennes (ex.: de Babylone et d'Égypte) révèlent une histoire plus gnostique: la désinvolture d'ENLIL envers l'humanité et la sauvegarde d'une lignée de sang humaine spécifique (ex.: l'Arche de Noé) par ENKI. La Sainte Bible cache tout cela afin de promouvoir l'idée du monothéisme.

Il est présumé, selon la « Liste des Rois [2] », que les *Anunnaki* firent leur première visitation physique sur le Système de la Terre quelques 432 000 ans avant ce Déluge, créant l'humanité par des manipulations génétiques. Certaines lignées de sang spécifiques émergèrent éventuellement comme étant les « Fils de Dieu », et s'accouplèrent avec les « Fils de l'Homme » (ou « Filles » dans les versions plus politiquement correctes.) Ainsi, nous voilà avec la création des humains, un

---

2 La « Liste des Rois » cunéiforme est incluse dans la Tablette K.

grand désastre, le rétablissement des humains et des demi-dieux et puis d'autres désastres mineurs.

Une succession dynastique fut établie. En premier lieu avec les *Anunnaki,* puis avec les « Rois Dragons » et les races « d'Elfes-Fées » qui exigeaient souvent à la royauté de marier une demi-sœur d'une autre mère. Ce n'est pas du tout la même chose que la consanguinité (provenant de la même mère) qui est devenue le stéréotype en ce qui concerne ce sujet. La sœur provenait souvent également d'une lignée de sang *Anunnaki*, donc l'ADN était préservé, également contre les croyances populaires. Par exemple, Abraham (appelé Abram à Sumer) présente sa femme Sarah (Sarai = princesse) comme étant à la fois son épouse et sa sœur, partageant le même père, mais pas la même mère.

La descendance plus tardive de Jésus depuis Abraham, David et Salomon est ce qui a justifié sa royauté (portant le titre d'ENLIL) sur les peuples sémitiques tels qu'expliqué sur la première page du Nouveau Testament. N'étant pas un simple homme terrestre comme l'Église l'a longtemps maintenue, les auteurs bibliques passèrent beaucoup de temps à justifier sa *lignée de sang* comme étant celle d'un véritable « Roi Dragon ». À propos d'Abraham, il est intéressant de noter une « Rencontre Divine » lorsqu'il est, dans la Genèse, approché par trois hommes: ils sont alors reconnus comme étant des « êtres divins » (Elohim-*Anunnaki*) et Abraham se jette au sol en dévotion. Ô, mais attendez: alors qu'ils se retournent pour s'en aller, le chef du petit groupe est identifié comme étant le Seigneur Dieu Yahweh! Ainsi, non seulement Yahweh ressemblait à s'y méprendre à un homme, suivit d'une compagnie d'anges, mais un véritable débat entre « Dieu » et l'Homme à propos de la destruction de Sodome et Gomorrhe s'ensuivit !

Un des livres les plus controversés à avoir passé dans les entrailles du nouvel âge est peut-être le *Necronomicon* édité par Simon (prétendument Peter Lavenda) en 1977. L'essentiel de la controverse concernant le livre est à propos du titre puisque celui-ci fut en effet rendu public à travers les écrits de H.P. Lovecraft. Premièrement, le titre ne signifie pas vraiment « *Livre des Noms Morts* » et ne provient pas du latin, mais est plutôt basé sur une traduction grecque. Le livre est interprété plus précisément comme étant les « *Lois et Rites des Morts* », ce qui signifie les ancêtres, puisque la magie est un droit de naissance par lequel le pratiquant en appelle au sang divin en lui. Deuxièmement, l'ouvrage et la tradition ne sont pas sumériens, car celle-ci aurait donné tous les hommages et les attributs à ENLIL puis à NINURTA, mais sont plutôt babyloniens, donnant spécifiquement tous les pouvoirs de la magie terrestre à MARDUK[3] et ENKI – ANU reste un personnage distant et ENLIL n'est mentionné qu'occasionnellement.

Avec le temps, les Babyloniens assignèrent toute la royauté (ou fonction d'ENLIL) sur Terre à MARDUK, et la plus ancienne Épopée de la Création[4] fut modifiée afin de donner au jeune « Tueur de Serpents » la

---

3 MARDUK – aussi orthographié MARDOUK en langue française.
4 L'*Enuma Elis* (aussi connue comme l'Épopée de la Création) est incluse dans la Tablette N. Son origine est babylonienne et elle forme le fondement de la *Genèse* judéo-chrétienne.

fonction de « Grand Tueur » dans la Guerre du Paradis primordiale.

L'incomplétude du grimoire simonien provient du fait que l'ouvrage n'était pas spécifiquement destiné à être un guide pour les prêtres au moment où la tradition était très active à Babylone [comme c'est le cas dans le présent ouvrage], mais fut plutôt un effort précipité, écrit longtemps après les faits, ayant pour but la préservation de cette tradition selon la perspective de son auteur. Il est toujours intriguant de trouver des restes du clergé mardukite caché dans l'underground un millénaire après que MARDUK ait quitté Babylone. Ainsi, non seulement l'auteur original a vraisemblablement écrit de mémoire ou à partir de tablettes endommagées, mais la version supposément arabe qu'il a écrit fut ensuite traduite en grec, version que les auteurs de la version simonienne prétendent avoir utilisée comme source. Si John Dee fut impliqué ou non dans ce procédé est discutable, sans toutefois être invraisemblable, puisque la tradition énochienne est très souvent mentionnée comme étant un « système du Necronomicon ».[5]

L'idée que l'ouvrage est une sorte d'adoration du diable est ridicule puisque la tradition a existé à une ère préchrétienne ou une telle définition n'existait pas. Bien que plusieurs aient par le passé fait la connexion ENKI = Satan, il doit être compris que le parti opposé d'ENLIL n'est pas plus ni moins « maléfique », et est plutôt une question de perspective spécifique. Le fait reste que la vision du monde des Enlilites règne toujours avec Jehovah-Yahweh étant la singulière « source de tout »

---

5 Voir aussi *Liber 555*, disponible dans l'anthologie *Gates of the Necronomicon* par Joshua Free.

dans l'univers, son frère Satan étant le diable cherchant à faucher les âmes des hommes loin de Yahweh. De telles idées n'existent qu'en tant que perspectives culturelles et puisque Babylone a effectivement existé sur un territoire enlilite (bien que juste au sud, Eridu fut à jamais consacrée à ENKI), les Babyloniens furent diabolisés, comme c'est souvent le cas dans la politique en temps de guerre. L'idée que tous les dieux soient unifiés sous la bannière de MARDUK (qui voulut ramener les gens vers Dieu à travers la magie et les prières au lieu de maintenir le peuple en esclavage avec des sacrifices d'animaux et d'autres formes de vie) ne fut pas bien acceptée par les autres dieux. MARDUK chercha à emmener le « centre du monde » de la Nippur antédiluvienne vers Babylone, mais sa Porte Stellaire à BAB.ILI (Le Portail des Dieux), la « Tour de Babel », fut détruite en 3460 av. JC. MARDUK partit alors vers la région du Nil en tant que RA et s'en suivit une guerre de 350 ans entre MARDUK et son frère THOTH/HERMÈS (Ningishzidda) pour la suprématie. THOTH s'inclina éventuellement et commença une civilisation en Amérique du Sud en tant que QUETZLCOATL.

Il est important de noter ici que les pouvoirs de MARDUK lui furent accordés alors qu'il était le plus jeune des Anciens Dieux. Sa fonction fut élevée à celle de « Seigneur de la Terre », à l'origine tenue par ENKI et ENLIL en d'autres temps et d'autres lieux. MARDUK devint ainsi le « Dieu de Tout » ou le « Seigneur de la Terre » et se vit ainsi donner les rôles, noms et fonctions des 50 autres qui ont été désignés comme étant des dieux chacun dans son propre temps et sa propre culture. Il doit être souligné que ces « dieux » ne sont pas « Dieu » et qu'il n'y a qu'un seul « Dieu Unique », mais cette force ne se préoccupe pas des aspects banals du Monde physique dans lequel nous vivons. ANU est le nom donné au « Père Céleste », celui qui règne sur les *Anunnaki* — ceux qui depuis les cieux vinrent sur Terre — dans les temps anciens et qui subsiste en esprit et en génétique, même parmi nous de nos jours.

Le *Necronomicon* est un grimoire mardukite adressé spécifiquement à la Race de MARDUK qui veille sur le Portail vers l'Extérieur. En plus du savoir clérical discuté précédemment, quelques autres aspects clés sont à considérer. Tout d'abord, l'*Exorcisme Maqlu* se trouve sur des tablettes akkadiennes et était exécuté aux alentours du 31 octobre, l'ancien Samhain qui est l'équivalent d'Halloween (et peut-être également à Beltane, le 1er mai). Ces rites inclus des protections rudimentaires offertes aux Mardukites babyloniens. Ensuite viennent les Tablettes de MARDUK, qui sont le *Texte de Magan* (égyptien) ou l'*Enuma Elis* (babylonien) et la Descente dans le Sous-monde d'INANNA (ISHTAR/ISIS), qui est en fait la demi-sœur de MARDUK, également connue sous les noms ASTARTE et ASHTORETH. En plus de la Septième Tablette que MARDUK ajouta à l'*Enuma Elis*, qui est essentiellement le Livre des Cinquante Noms inclus dans le *Necronomicon* simonien. Les Tablettes de MARDUK étaient lues publiquement par les prêtres lors du festival d'A.KI.TI (ou *Zagmuk*) dédié à MARDUK, lorsque le soleil entre dans la constellation du Bélier à l'équinoxe du printemps (21 mars.)

LE SECRET DES ÂGES — LA CLÉ DE TOUT

Bien que la plupart des livres arcanes et mystiques purs contiennent quelques indices menant à la réussite du non-initié, avant d'entamer le texte même du *Necronomicon*, il peut être approprié ici pour le présent éditeur d'apporter un fondement occulte important au chercheur, sans considérer d'expérience préexistante en ce qui concerne les Grands Mystères.

Premièrement, il existe l'ancien axiome: ce qui est en haut; tel est en bas. Ce qui est à l'intérieur; tel est à l'extérieur. Ce qu'est l'Univers; tel est l'être. Connais-toi toi-même. Le paradis comme l'enfer proviennent de vos propres pensées. La vie est un miroir — vous observez ce que vous reflétez. Les sciences et les technologies partout assombriront les espoirs de l'Humanité. Toutes relations n'étant pas dans un état d'Accord sont destinées à sombrer. L'expérience de la vie est assujettie aux croyances et les croyances solidifient, manifestent et conditionnent la réalité. La réalisation de Soi commence par le détachement de toutes choses, tous systèmes, toutes croyances, toutes mémoires mortes. Vous n'êtes pas votre corps physique. Dans un monde de dépersonnalisation, vous devez démontrer votre propre contrôle de Soi et votre détermination à regagner la liberté de votre Être. D'être libéré des limitations du monde signifie de rendre possible la libération de l'Être dans l'individu et la fusion avec le Tout.

Chaque fois que vous affirmez: « Je suis... » et ajoutez « quelque chose » — il s'agit d'une forme d'esclavage de la conscience. Le véritable « Soi-même » n'est pas restreint à aucune conception de « programmation-personnalité-persona » dont vous avez fait l'expérience dans le monde ou la réalité de surface. Le véritable « Soi-même » n'a jamais eu « soif », jamais été en « colère ». Voulez-vous le prouver? La prochaine fois que vous vivez une expérience semblable, observez-là à partir de Soi. L'idée même que vous pouvez faire cela prouve que ce n'est pas réel. Si cela provenait du vrai « Soi-même », il ne s'agirait pas d'une « chose » pouvant être observée, ce serait vous! Si vous pouvez artificiellement créer des expériences dans votre esprit, que cela vous révèle-t-il? Le « Soi-même » se trouve au cœur de votre être. Vous êtes *ici maintenant* et lorsque vous enlevez toutes « choses » vous trouvez le Soi. C'est aussi simple que cela. Il n'y a rien à trouver « là-bas », ni nulle part. C'est seulement lorsque vous pouvez vous voir d'un point de vue honnête-en-soi que vous pouvez être en mesure de vous voir vous-même, ou n'importe quoi d'autre, pour ce qui est vrai.

La réalité égale le Paradis et la Terre. La Terre est une partie définitivement plus physique et visible de la réalité. Le Paradis est physique, mais invisible. Toutes les dimensions ne sont qu'Une. Comme une bâtisse, où il semble y avoir différents étages, niveaux, portes et points de vue. Tout est Un en égalité. La réalité, le temps et l'espace ne sont qu'un et sont entiers et nous ne percevons que les parties fragmentées. Le problème n'est peut-être pas « qu'est-ce que » vous voyez, mais plutôt « pourquoi » vous voyez ou ne voyez pas quelque chose.

Nos réponses émotionnelles sont des réactions basées sur de l'énergie morte, la mémoire et l'expérience. Le réel est quelque peu statique ou immuable, votre être est simplement « Je Suis » et il n'y a rien d'autre que ce dont les pensées, les données et les interprétations mentales provenant de « l'expérience du réel » d'autres personnes. Cela se déroule en premier lieu par le conditionnement, puis vous continuez à nourrir/recycler/ réengager votre être dans les mêmes cycles comportementaux qui s'agrandissent cumulativement. Vos inclinations et vos aversions sont dictées par votre être conditionné, un programme de personnalité s'opérant de manière récursive, comme une spirale, pour ensuite être conditionné par l'opérateur (par le plaisir = bon et la douleur = mauvaise) jusqu'à ce que le cycle causal de la réalité soit si profondément ancré que vous deveniez un robot opérant avec des prophéties s'accomplissant par elles-mêmes ainsi que des déclencheurs basés sur la réponse envers certaines attentes. Les étiquettes, noms et nombres sont les manières par lesquelles l'humain calcule la vérité. Ceux-ci annulent l'innocence sous toutes ses formes et changent constamment.

Les étiquettes créent les paramètres de réactions/réponses au sein de votre programme, créant des « dossiers » puis « copiant » et « collant » des idées et croyances préexistantes. L'égo « télécharge » des manifestations et des imageries additionnelles et crée artificiellement des barrières et des limitations, ce qui vous isole de plus belle jusqu'à être envahi par la « programmation mondiale ». Nous étions autrefois tous conscients de cette Unité, mais nos esprits furent ensuite fragmentés, supprimés puis emportés en cet endroit, loin de « l'Amour de Dieu » afin d'être des esclaves. Mais maintenant, l'heure de la LIBERTÉ de la RACE DE MARDUK est arrivée...

LE NECRONOMICON DE JOSHUA FREE

Le Cycle du *Necronomicon* mardukite de Joshua Free est une lecture essentielle pour tous les Mardukites, mais même au-delà de ce paradigme sémantique, il s'agit d'une lecture recommandée à quiconque se considère comme étant un Chercheur de Vérité. Il est à la fois intrigant et rafraîchissant de voir ce savoir oublié, qui fut si ardemment recherché, à partir d'une perspective autant anthropologique qu'historique, sans mentionner les aspects mystiques et spirituellement nourrissants. Le résultat d'un voyage de quinze ans dans les sources undergrounds des mystères métaphysiques du Nouvel-Âge, Joshua Free est tombé sur ce qui semble être un courant pur vers les sources de la tradition babylonienne.

Plus ces diverses « Tablettes » furent examinées en relation les unes avec les autres, combiné à un « mysticisme pratique » intensif, la tradition prit tout son sens et fut extraordinairement agrémentée en sa justification, lorsque comparée aux autres traditions entourant celle-ci ainsi qu'aux autres plus tardives qui en furent influencées.

Il peut être très certainement dit que les sémantiques, terminologies et personnalités des « Grands Mystères » soient toutes assujetties à l'interprétation personnelle (séparés par la géographie et le temps), il a semblé au nouveau groupe de recherche prometteur s'appelant les *Chambellans mardukites* que cet ancien courant soit vraiment très vivant (ou a peut-être voulu par lui-même renaître à notre époque) et qu'il soit essentiellement le plus ancien vestige de la « tradition source » enracinée en ce qui semble être apparu du jour au lendemain alors que les « Dieux Célestes » descendirent afin de civiliser l'être humain en Mésopotamie-Méditerranée, engendrant la singulière avancée la plus monumentale dans l'histoire de l'évolution humaine. La nature de ces « Dieux Célestes » semble être débattue, comme l'est l'étendue de leur divinité. Cela constitue le sujet principal du *Necronomicon* et des connaissances connexes. À l'époque où ces prétendues mythologies furent solidifiées, il ne s'agissait pas d'histoires fantaisistes, ni même, comme l'ont suggéré certains historiens naïfs, d'une manière primitive d'expliquer les phénomènes naturels.

L'ancien panthéon, les ANUNNAKI[6] en Mésopotamie, est réapparu dans les mythologies culturelles à travers le monde entier, traversant tous les peuples et les époques. Non seulement semble-t-il que ces êtres rivalisèrent entre eux concernant les droits de suprématie sur Terre (et pour le contrôle de différentes tablettes et différents lieux), mais l'humain continua de combattre au nom des titres arbitraires de ses déités personnelles longtemps après que les « Dieux Célestes » semblèrent avoir quitté la planète.

L'idéal monothéiste était plus répandu dans l'Ancien Monde que ce que les historiens se plaisent à croire. Bien que la mention du titre « Elohim » ou « dieux » existe réellement, c'est la nature de la divinité qui est incomprise alors que les âges athéniste, mardukite et

---

6 *Anunnaki* — littéralement « du Paradis venu sur Terre » tel que traduit par Zecharia Sitchin. Les savants précédents traduisirent le terme par « juges » ou plus littéralement « ceux qui décrètent la destinée sur Terre ».

zoroastrien-mithraique se succèdent jusqu'au monothéisme yahviste, d'où provient l'idée qui prévaut de nos jours, bien que, comme le suggère Nietzsche, les gens n'agissent pas comme s'ils vivaient sous le regard vigilant d'un dieu unique suprême appliquant la loi!

La dissolution de l'esclavagisme de la construction des pyramides physiques et des temples sacrés de contrôle spatial des anciens ANUNNAKI et son remplacement par l'esclavagisme vers le système monétaire moderne continuant l'asservissement de l'humanité sous « l'Oeil-Qui-Voit-Tout » et qui détruit simultanément notre planète dans son sillage est le reflet externe que ces systèmes plus modernes ont gravement échouée. Ainsi, il ne semble pas être une coïncidence que le dernier siècle « d'Ouverture de Portails » ait servi principalement à préparer « ceux qui vois » à la présente ère où l'Histoire se répétera une fois de plus et où les traditions de nos ancêtres reviendront avec raison, inaugurant une nouvelle évolution de l'humanité vers un véritable « Nouvel-Âge ».

Le cycle du *Necronomicon* mardukite débute avec le « Livre des Anunnaki » [Tablette A] fournissant une description préliminaire de la nature des Guetteurs et des IGIGI. Ce sont ces êtres qui réapparaissent dans les « Livres des Morts » de l'Ancien Monde en tant que « Gardiens » des portails et des seuils vers « d'autres mondes ». Il semble ainsi au moins clair que les anciens reconnurent ces êtres comme contrôlant à la fois la « vie » et la « mort » et donc par défaut les mondes habités par chacun (ainsi que ce qui se trouve « entre » ces mondes). Que ces « Dieux Célestes » soient d'une race absolument séparée, bien qu'harmonieuse avec notre génétique, semble également évident et il semble aussi qu'il existe parmi eux des « races » variées comme nous le voyons parmi les populations humaines aujourd'hui.

Le « Livre des Portes-Stellaires » [Tablette B] contient une portion majeure des textes BABILI, ceux qui devinrent la base de la version babylonienne, et non pas sumérienne, du livre édité par « Simon » dans les années 1970. Bien que le système de portails septuple du « Simonomicon » fut critiqué comme étant à la fois « faux » et « dangereux » (souvent simultanément), les efforts de recherche des Chambellans mardukites ont dévoilé indépendamment un « Système de Portails » pratiquement identique et de sources plus antiques que le livre de Simon. Ces sources proviennent... de BABYLONE... et aussi d'ÉGYPTE.

Ce concept de « Travail des Portails » provient des temps anciens lorsque les prêtres travaillaient de pair avec les ANUNNAKI à l'entretien des Portes-Stellaires de ces « Dieux-Célestes », endroits ayant perdu leurs glamour et mystique lorsque leur pouvoir fut désactivé et/ou oublié. Ces bâtiments avaient fréquemment l'aspect de pyramides à étages ayant sept niveaux et possédant sept sections principales dans leur ascension. Les plus importantes d'entre elles (en ce qui nous concerne) étant le E.TEMEN.AN.KI ou la « Fondation du Lien du Paradis et de la Terre » ainsi que l'E.SAGI-LA (ou ISAGILA), le temple officiel de MARDUK à BABYLONE. La formule du BABILI devient de plus en plus importante afin que ces structures soient authentiques.

Le système d'auto-initiation de « l'Échelle de Lumières » dont il est fait allusion dans les renouveaux de la tradition égypto-babylonienne est également de nature symbolique. Comme c'est le cas dans la Franc-maçonnerie spéculative, aucune « échelle » littérale n'est montée lors des « travaux astraux », l'attention étant plutôt transférée du temple comme *structure physique* vers le temple qu'est le *corps physique*, un microcosme, qui est littéralement un « univers miniature » en soi. Cette méthode grandit en popularité dans les mystères hermétiques égypto-babyloniens et, évidemment, dans les traditions chaldéenne et mithraique (et zoroastrienne) basées sur les modèles prédynastiques plus anciens qui portent une plus grande attention aux constructions physiques. Ce fut plus tard une fonction importante des prêtres et des prêtres-rois de superviser l'entretien des temples (déjà construits) aussi bien qu'activer les « voiles » ou « couches » symboliques astrales (énergétiques) des corps-temples des individus constituant la population. Pour faire court, l'ancien système n'était pas dénué de pragmatisme comme c'est le cas de nombreux renouveaux d'anciennes traditions aujourd'hui.

La « Précession des Portails » est le prochain sujet en question. L'ordre traditionnel familier aux dévots du *Necronomicon* simonien est valide en son intention, mais, d'une manière ou d'une autre, dans la construction physique des Portails, cet ordre est directement inversé de notre point de vue. Cela, combiné à des connaissances additionnelles offrent quelques clés complémentaires. Premièrement, il existe deux ensembles (réalisations ou expériences) de Portails, tel que reflété dans la vision sémitique du même « arbre génétique » ou Kabbale[7] : un de « vie et d'ordre » et un autre de « mort et de chaos », les deux étant sous « l'œil » vigilant de l'Un. Deuxièmement, la logique suggère que n'importe quelle série de seuils placés en un ordre déterminé, comme c'est ici le cas, est soit unidirectionnelle, soit assujettie à l'interprétation relative.

Dans notre cas traditionnel de création d'un « bouclier astral » sur notre « forme spirituelle » (comme il était fait à l'origine pour lier la forme spirituelle à la « matrice » de rayons lumineux appelée « l'existence physique »), un Chercheur travaille à partir du « premier portail » comme base afin de commencer l'initiation de Soi (ou purification et consécration), dans ce cas précis, la Lune. Pourtant, lorsque nous nous tenons à la base du Portail physique vers les Dieux, nous sommes sur le seuil du Portail de Saturne, ce qui implique que la tradition fut conçue en premier lieu par et pour les ANUNNAKI eux-mêmes, car lorsqu'ils descendent, à partir du haut de l'échelle, le premier Portail qu'ils rencontrent est celui de la Lune. Le voile lunaire est également celui dont beaucoup ont fait l'expérience comme étant le monde astral ou celui des rêves et est ainsi généralement considéré comme étant le plus accessible, ou le plus près de la portée humaine de l'expérience de ces Portails.

Les ANUNNAKI doivent prendre ou « revêtir » une forme physique afin d'apparaître et d'interagir comme *entités* dans la matrice de notre existence. Nous, par contre, devons enlever cumulativement ces énergies

---

[7] Voir aussi : *Enochian Magic & the Kabbalah* par Joshua Free, contenu également dans l'anthologie *Necronomicon The Anunnaki Grimoire* édité par Joshua Free

fantastiques de notre être afin de nous élever dans le système. Cela implique une nouvelle intention au travail des Portails personnel souvent appelé « L'Échelle de Lumières ». Lorsqu'accompli avec l'intention commune en tête, tel qu'il est fait allusion dans les ouvrages passés concernant le Cycle du *Necronomicon*, « l'ascension » de l'Échelle de Lumières sert à purifier et amplifier les coquilles de notre « œuf » d'existence spirituelle (Étincelle Divine) qui nous donne notre identité dans le monde des formes. Toutefois, travailler le système inversement, retournant à la Source, permet la dissolution de « l'identité » dans la « matrice lumineuse », pelant les couches de glamour attachées à l'existence programmée comme un oignon. Il n'est pas difficile de comparer les similitudes entre le BABILI et le savoir des Portes Stellaires, qui, lorsque combinés avec les rangs numériques des « mesures » ANUNNAKI, rendent ces systèmes virtuellement identiques. Le « Chapitre des Traversées » égyptien inclus dans le *Necronomicon*, mieux connu sous le nom de « Livre égyptien des morts », décrit également un système septuple dont l'origine, selon les savants, provient de sources mésopotamiennes prédynastiques.

TEXTES BABILI[8]

1. NINURTA – Saturne — Noir
2. MARDUK – Jupiter — Orange
3. NERGAL – Mars — Rouge
4. SAMAS – Soleil — Jaune
5. ISHTAR – Vénus — Jaune-Vert
6. NABU – Mercure — Bleu
7. NANNA-SIN – Lune — Argent

---

8   Les *Textes Babili* sont ceux spécifiques à la construction physique des Temples.

TEXTES DES PORTES-STELLAIRES[9]

1. NANNA – Lune — Argent
2. NEBO – Mercure — Bleu
3. INANNA – Vénus — Blanc
4. SAMAS – Soleil — Or
5. NERGAL — Mars — Rouge
6. MARDUK – Jupiter — Pourpre
7. NINIB – Saturne — Noir

Ailleurs dans notre *Necronomicon* mardukite, nous arrivons à « l'Enuma Elis » ou « Livre de la némésis » [Tablette N], connu des anciens Babyloniens comme les tablettes sacrées de « L'Épopée de la création ». Une version différente, d'origine discutable, apparaît dans la version simonienne sous le nom de « Texte Magan », mais est notoirement incomplète. La plupart des savants négligent curieusement l'importance de la septième tablette, que nous représentons en tant que « Livre des cinquante noms » [Tablette F]. Cette section fut également trouvée et traduite à partir de nos propres recherches babyloniennes indépendamment du « Livre des cinquante noms » simonien. Durant le festival babylonien A.KI.TI (ou A.KI.TU) célébrant le Nouvel An, ces tablettes étaient lues en public par les prêtres. Le festival A.KI.TI débutait avec le début de ce que nous appelons la « roue du zodiac », soit le 21 mars ou l'équinoxe du printemps.

---

9 Les *Textes des Portes-Stellaires* sont ceux spécifiques aux pratiques spirituelles des prêtres et du peuple.

**CHAMBELLANS
MARDUKITES
CANADIENS**

LE NECRONOMICON
DU NOUVEAU MILLÉNAIRE

Le grimoire
égypto-babylonien

(Liber N)

Édité par Joshua Free
Traduit de l'anglais par David Zibert

**CHAMBELLANS
MARDUKITES
CANADIENS**

TABLETTE A
LE LIVRE DES ANUNNAKI, DES GUETTEURS ET DES IGIGI

Ici débute le Necronomicon – Le Livre des Noms Morts des ANUNNAKI, des Guetteurs et des IGIGI, ces êtres qui sont apparus aux humains dans les âges passés, à la fois physiquement sur Terre et dans la mythologie mondiale en tant que « dieux ». Le texte complet qui suit couvre des milliers d'années de savoir primordial. Il illustre clairement les « dieux des humains », dont aucune illusion n'est maintenue quant à la nature de leur divinité. Ces mêmes « puissances » et « forces » sont apparues historiquement aux humains partout sur Terre. Le genre humain entreprit pourtant de « déifier » ces êtres en tant que « dieux », créant ainsi diverses traditions religieuses, souvent défendues par l'épée. Les offrandes qui servirent en premier lieu à nourrir les ANUNNAKI eux-mêmes nourrirent ensuite les prêtres et leur famille lorsque les « dieux » quittèrent la Terre, laissant leurs sanctuaires et temples vides, et les humains apparemment oubliés. Les « dieux » sont-ils si distants et oublieux ?

Dans les Anciens Jours, ces êtres furent mieux connus sous leur vraie nature, mais le temps passa et avec la montée de l'humain vint la montée du monothéisme : illogique lorsqu'il concerne spécifiquement l'origine du monde connu et de ses habitants. Le texte qui suit ne fait qu'introduire les concepts qui parcourent cette œuvre. Les mêmes entités furent connues en différentes langues avec des noms variables. L'alignement culturel colora les associations planétaires par lesquelles le panthéon ANUNNAKI fut interprété – des sémantiques séparées seulement par le temps et les régions.

Les étudiants et les chercheurs (ainsi que les prêtres de la tradition) sont exposés à une variété colorée d'entités, qui sont toutes sous une forme de panthéon hiérarchisé, doté d'une distribution particulière des rôles et des fonctions. Nous sommes informés d'un « Roi du Paradis », habituellement nommé ANU ou AN, et pourtant celui-ci n'est que le « Père Céleste » des races locales, seulement une *représentation* de la Source Absolue qui est à l'extérieur et au cœur des dimensions en tant qu'Étincelle Divine ou Esprit, et non pas une personnification ou entité en particulier. Naturellement, un tel savoir devient « occulte » et caché parmi les humains, sa compréhension laissée à quelques élus alors que le reste du monde essaie « d'appuyer une échelle contre le ciel ».

L'ÉLÉVATION DES DIEUX DE LA TERRE

Lorsque les dieux étaient des hommes sur Terre
Enracinés dans le Lien Paradis-Terre,
ANU décréta que les ANUNNAKI s'avancent.
Ils furent forcés au dur travail, au labeur.
En effet, grandes étaient les corvées des dieux,
Le labeur était lourd et la misère ne sied point aux
     dieux:
Car même les Sept Grands ANUNNAKI n'étaient pas
     libres du fardeau
Et les IGIGI [Guetteurs] furent appelés à descendre
     pour faire le labeur d'esclave.

Et ces géants [dieux] parcoururent la Terre à une
    époque avant l'humain.
Puisque la déesse du grain n'était pas arrivée,
Puisque la déesse du bétail n'était pas née,
Il n'y avait aucun bétail ni aucun grain.

Les ANUNNAKI étaient forcés de manger des plantes
    comme des moutons
Et boire l'eau provenant des fossés.
Les ANUNNAKI creusèrent des rivières
Et ouvrirent des canaux afin qu'ils apportent la vie sur
    les terres.
Les IGIGI [Guetteurs] creusèrent également des rivières
    et des canaux.
Puis les IGIGI [Guetteurs] creusèrent la rivière du Tigre
Et ensuite l'Euphrate.
Des profondeurs de la Terre, ils amenèrent des sources
    d'eau.
Et les puits de la vie, ils établirent.
Ils rassemblèrent de la terre afin de construire toutes les
    montagnes.
Et pendant des années, ils travaillèrent à de telles
    corvées.
Et ils comptèrent les années de labeur,
Durant dix cycles, ils souffrirent du dur travail nuit
    et jour.
Durant vingt cycles, ils souffrirent du dur travail nuit
    et jour.
Durant trente cycles, ils souffrirent du dur travail nuit
    et jour.
Durant quarante cycles, trop dur fut le travail nuit
    et jour.

Les Anciens Dieux des ANUNNAKI se rassemblèrent.

Étant beaucoup, ils décidèrent du destin de la Terre.
ANU, le Père du Paradis, devra rester au Paradis.
ENLIL, l'Héritier Royal, obtenu le Commandement.
EA [ENKI] obtenu le contrôle de l'Eau de la Vie.

Mais sur les terres, seul le dur travail prévalait.
Dans les fossés, les IGIGI [Guetteurs]
Commencèrent à murmurer contre le travail.
« Confrontons notre contremaître » ils déclarèrent.
« Il doit nous libérer du lourd fardeau qui pèse sur nous!
Allons confronter ENLIL, le Commandant des
  ANUNNAKI.
Venez, allons à lui le tirer de son E.KUR [logis]. »
Ainsi les IGIGI [Guetteurs] mirent feu à leurs outils,
Se prirent eux-mêmes, s'élevant et se déplacèrent vers
  le Portail d'ENLIL.
Il faisait nuit lorsque le E.KUR fut cerné,
Mais ENLIL n'était pas conscient de leur avancée.

Les IGIGI [Guetteurs] se déplacèrent vers le Portail
  d'ENLIL.
NUSKU ouvrit son Portail vers l'E.KUR,
Et prit ses armes, se tenant debout.
ENLIL appela l'Assemblée des ANUNNAKI,
Au Portail, le Gardien du Portail parla à ceux qui furent
  rassemblés:
« Maintenant, alors, ANU, votre Père au Paradis,
Et aussi votre conseiller et Général des Armées, ENLIL,
Et votre parfaite déesse reine, NINURTA,
Et votre Seigneur sur Terre ENKI, m'ont ordonné de
  vous demander:
Qui est l'initiateur de cette bataille?
Qui est l'initiateur de ces hostilités envers cet endroit?

Qui a déclara une guerre, et apporta la guerre au Portail d'ENLIL? »

Les IGIGI [Guetteurs] crièrent:
« Nous tous IGIGI avons déclaré la guerre;
Nous nous tenons maintenant debout face à
      l'interminable excavation de la Terre,
Les durs travaux excessifs et le labeur d'esclave nous
      ont tués,
Nos corvées forcées ont été trop lourdes et la misère,
      de trop!
Maintenant, chacun d'entre nous IGIGI
A résolu qu'un nouveau Pacte sera fait avec ENLIL. »
Une grande assemblée d'ANUNNAKI fut informée.
Un message fut envoyé à ANU afin qu'il descende
      du Paradis.
Le Seigneur ENKI fut emmené en leur présence.
Pour soulager la misère des IGIGI,
La race des humains fut créée afin d'être les
      Travailleurs...

LES SECRETS DE SETH, FILS D'ADAPA

Le plus sage parmi les hommes et les dieux prononça
      les mots:
« Au commencement était le Chaos Primordial
Et rien sauf cela n'existait. »
Mais en vérité, au commencement était le Néant
      Informe
Au centre duquel se trouve l'Étincelle Divine, l'Esprit
      imprégnant.
Tu es un être pur d'un pouvoir pur,
Tu es le premier parmi les hommes,

Car tu es le Vrai Roi sur Terre.
Sache que j'ai été porté au sommet de la Création,
Et fus le témoin des secrets de la Lumière, des
    Ténèbres,
Et du monde habitable entre les deux.
Au commencement, au sein du Néant Informe,
Il y avait la Lumière, les Ténèbres, et l'Étincelle Divine
    entre les deux.
Dans l'amour et la paix, la Lumière était unie avec le
Mot afin de n'être qu'un.
Les Ténèbres étaient aériennes [vent] avec le Mental
    dans le Feu Informe.
Entre les deux se trouve l'Étincelle Divine, la Vraie
    Lumière,
Qui existait dans la tranquillité [calme].
Lumière. Ténèbres. Étincelle Divine [Esprit]:
Tels sont les Trois Racines depuis les Commencements.
Chacun d'eux existait seul, séparé, dans leur propre
    pouvoir,
Et aux Commencements, inconnu l'un des autres.

Le pouvoir conféré à la Lumière fut grand.
La Lumière révéla la nature des Ténèbres et connut ses
    profondeurs.
La Lumière découvrit que la nature des Ténèbres n'était
pas pure [Divine].
Dans l'ignorance et l'isolation, les Ténèbres assumèrent
    l'Ego-Mental.
Les Ténèbres crurent que rien ne pouvait se trouver au-
    dessus d'elles, et cela les consumèrent.
Et les Ténèbres régnaient dans les profondeurs,
    couvertes par les Eaux Primordiales.
La vilenie et la corruption portées par les Ténèbres
    étaient inconnues.

Mais alors les Ténèbres tremblèrent et tous purent
    entendre le son.
L'Étincelle Divine [Esprit] entendit le son du mental
    des Ténèbres,
Pour la première fois, ce son résonna dans l'Univers.
Lorsque les Ténèbres furent témoins de la forme de
l'Étincelle Divine [Esprit],
Elles ne purent comprendre, car le Mental était empli
    de fierté.

Par la volonté de la Lumière, les Ténèbres furent
    séparées des Eaux,
Les Ténèbres furent témoins de leur propre apparence
En comparaison avec l'Étincelle Divine [Esprit],
Et furent emplies de chagrin.
Les Ténèbres tentèrent d'assimiler l'Étincelle Divine
    [Esprit],
Puis tentèrent de rendre l'Étincelle Divine [Esprit] son
    égal.
Chaque tentative échoua.
Enragé, le Mental des Ténèbres fut.
Le Mental des Ténèbres devint l'Œil de l'Amertume
    dans les Profondeurs.
Puis il montra sa rage flamboyante au Sommet des
    Profondeurs,
Ce faisant, révéla la nature de la pureté de la Vraie
    Lumière.
Et donc échoua l'Ascension [l'Arrivée].

Avant qu'ADAPA ne soit retourné sur Terre,
L'Assemblée des ANUNNAKI s'agita
Car ANU n'était pas l'unique créateur dans l'Univers.
Le CHAOS se remua,

Car il était connu que le Mental des Ténèbres était un menteur,
Lorsqu'il affirmait:
« Je suis Dieu et il n'en existe aucun autre ».
Après qu'ADAPA soit revenu sur Terre,
L'Assemblée des ANUNNAKI rencontra ANU [Chef Créateur].
L'Assemblée demanda:
« Est-ce que cette création [l'homme] qui fut fabriquée à l'image d'un dieu,
Sera notre ruine à nous tous, et à nos plans? »
Les ANUNNAKI et les IGIGI murmurèrent entre eux.
Le dieu fut fait avec la Terre et le Paradis.
Il fut déterminé qu'un autre serait fabriqué, qui lui ressemblerait.
Il fut déterminé au Paradis:
« Fabriquons également des femelles avec lesquelles les hommes tomberont amoureux. »
Et les dieux moindres se délectèrent de cette décision,
Car ils craignaient la montée en pouvoir de ce nouveau dieu.
« Nous sommes le Pouvoir de cet Âge.
Nous sommes les Dirigeants de cet Âge.
Que les Enfants de la Lumière nous servent.
Que les Enfants de la Lumière soient des esclaves pour cet Âge entier. »

[Se référer à la *Tablette G – Le livre des générations* pour les fragments manquants]

LIVRE BABYLONIEN DES NOMS MORTS

Voici la première partie du Texte Babili, l'Héritage de nos Ancêtres [noms morts] qui descendirent « du Paradis jusqu'à la Terre », créant le genre humain et la race de MARDUK, et qui menèrent les races humaines contre la race de MARDUK. Durant les conflits politiques concernant plusieurs générations d'ANUNNAKI, des Portails [Sanctuaires] des Dieux à Babylone furent créés par MARDUK afin d'appeler et d'unir [et peut-être ainsi piéger] le panthéon des ANUNNAKI sous une règle: celle du dirigeant suprême des royaumes, le « Seigneur de la Terre », un titre conféré à l'origine à ENKI, père de MARDUK. [Cette désignation n'est en fait qu'un titre et ni ENKI, ni son héritier MARDUK ne fut doté d'assez de liberté pour régner parmi les Enlilites (les adorateurs sémitiques et judéo-chrétiens d'ENLIL, ce dernier étant élevé au statut de « Dieu » dans l'Ancien Testament traditionnel).]

Le panthéon sumérien diffère de celui de Babylone. Dans la tradition plus ancienne, les plus âgés des Anciens Dieux et ceux les plus alignés à eux sont appelés « les plus hauts au Paradis ». Dû au passage du temps et au départ éventuel de tous les chefs ANUNNAKI de la Terre, ce sont plutôt les « jeunes Dieux » qui sont tenus en haute estime. Par exemple, alors que le panthéon sumérien place l'accent sur les lignées d'ANU et d'ENLIL, ces derniers deviennent des personnages ambigus dans la tradition strictement babylonienne et sont remplacés par ENKI et MARDUK [connus respectivement comme PTAH et RA en Égypte]. Les lignées enlilites reçoivent plus d'attention dans les traditions mésopotamiennes plus anciennes, puis chez les lignées sémitiques, le même savoir étant observé dans les nouvelles traditions, seulement avec des noms et des personnages « mis à jour ».

Selon la version babylonienne de l'Épopée de la Création [Enuma Elis], c'est MARDUK qui reçoit le crédit de la création non seulement du portail interdimensionnel (des dimensions), mais également du Babili [Portails, chemin des Dieux] sur Terre [à Babylone]. L'utilité des « Portails » vers les Dieux s'étend bien plus loin que les « initiations astrales » pratiquées par certains reconstituteurs nécronomiques et furent en fait créés afin de *sceller* le pouvoir individuel des entités ANUNNAKI sous la puissance de MARDUK (comme en témoigne les échos des histoires de la Tour de Babel). Cela devient évident dans la sélection des déités du panthéon babylonien, car elles proviennent des lignées opposées d'ENLIL et d'ENKI. Par exemple, utiliser à la fois MARDUK et INANNA-ISHTAR en tant qu'idoles « d'adoration » religieuse semble politiquement contradictoire. Bien qu'ils soient considérés comme étant « demi-frères », ils n'ont en fait aucun grand amour l'un envers l'autre. En effet, MARDUK est tenu responsable de la nécessité (la mort de DUMUZI) de la « Descente d'ISHTAR dans le Sous-monde », ce qui engendre comme punition son exil et son enfermement dans la pyramide.

Dans un autre exemple, NERGAL apparaît en premier lieu en tant que médiateur impartial entre les Mardukites et les Enlilites, mais devient éventuellement celui qui est responsable du déchaînement des « armes terribles » au Moyen-Orient, qui provoqua la destruction de « Sodome et Gomorrhe » et la chute inévitable qui entraîna la « destruction originelle » de Babylone (ce qui força MARDUK à abandonner complètement Babylone pour favoriser l'Égypte). Il devient alors clair que sous le panthéon babylonien, aucune de ces déités superflues n'avait l'intention d'être littéralement « vénérée ». Les pouvoirs sont plutôt « scellés » sous MARDUK qui incarne chacun des « Cinquante Noms » des ANUNNAKI qui composaient le panthéon des « Anciens Dieux » dans la préhistoire.

La trinité sumérienne originelle d'ANU, ENLIL et ENKI régnait au-dessus de tout cela. Ils se furent respectivement accorder les désignations numériques de 60, 50 et 40. Leurs épouses « officielles », ANTU, NINLIL et NINKI reçurent ensuite les désignations de 55, 45 et 35. La désignation d'un Roi du Paradis était de 60. Le Commandement de la Planète Terre commença par la désignation de 50, qui fut porté en premier lieu par ENLIL, et plus tard par MARDUK lorsqu'il incarna les « Cinquante Noms ».

<u>Le panthéon ANUNNAKI sumérien originel</u>

ANU (60) + ANTU (55)
ENLIL (50) + NINLIL (45)
ENKI (40) + NINKI/DAMKINA (35)
NANNA(R)/SIN/SUEN (30) + NINGAL (25)
SHAMMASH/SAMAS/UTU (20)
INANNA/ISHTAR (15)
ISKUR/ADAD (10)
NINHURSAG (5)

Le panthéon babylonien des Portails/Zonei

NINIB/NINURTA (4) [*50*]
MARDUK (10/50)
NERGAL (8)
SHAMMASH/SAMAS (20)
INANNA/ISHTAR (15)
NABU/NEBO (12)
NANNA/SUEN (30)

Les ANUNNAKI mentionnés sur les Tablettes de Prières de Nabu

ANU + ANTU
BIL/BEL/ENLIL + NINLIL
IA/EA/ENKI + NINKI/DAMKINA
NINURTA/NINIB
MARDUK + SARPANIT/ZERPANITU
INANNA/ISHTAR
SAMAS/SHAMMASH
NABU + TESHMET/TASMITU
NANNAR/NANNA-SIN
RAMMAN

I. ANU (et ANTU)

AN est le Ciel ou le Paradis.
ANU ou ANSAR est le Roi dans le Ciel ou l'Être Paradisiaque.
UR-ANU, la Maison d'ANU est parfois égalée avec Uranus.
ANTU, demi-sœur et épouse d'ANU, ensemble ils créèrent ENLIL.

Bien qu'ENKI soit le premier né d'ANU, d'une autre femme.
ANTU est parfois égalée à Neptune,
Bien que ce titre soit habituellement réservé à ENKI.

II. ENLIL (et NINLIL)

EN.LIL est le Seigneur du Vent et de l'Ordre sur Terre,
Qui est également nommé ELLIL, ILLIL, ILU et NUNAMNIR,
Et qui est vénéré en tant que Dieu sur Terre par les Sumériens et les Sémites.
En compétition avec son frère ENKI pour l'amour de leur demi-sœur,
NINHARSAG; la naissance de l'héritier royal NINURTA/NINIB.
ENLIL prit ensuite la sage-femme SUD, renommée NINLIL
En tant qu'épouse officielle, et ensemble créèrent NANNA et ISHKUR.
ENLIL décréta qu'aucun ANUNNAKI ne devrait s'accoupler avec les humains.
ENLIL est Jupiter, bien qu'à Babylone ce titre appartienne à MARDUK.

III. ENKI (et NINKI)

ENKI, Seigneur de la Terre. EA, Seigneur des Profondeurs.
NUDIMMUD, le Façonneur, connu également en Égypte sous le nom de PTAH.
Qui est également appelé EA-SARRU, LULAG-IDAK
Et LUGAL-ABZU,
Et qui est le Père de MARDUK avec NINKI, appelée DAMKINA.

ENKI voulut sauver sa lignée sur Terre durant
le Déluge.
ENKI est Neptune.

1. NANNA

Du dieu ENLIL, le Premier né, Dieu de la Lune
Appelé AS.IM.BABBAR, la Lumière de la
Nouvelle Lune,
Appelé NANNAR, la Lumière de la Pleine Lune,
Et appelé SU.EN (SIN), Lumière du Croissant de Lune.
Premier des dieux ANUNNAKI à être né sur la
Planète Terre.
Marié à NINGAL, appelée NIKKAL qui créa
Les Jumeaux : SAMAS (UTU) et ISHTAR (INANNA).
Les ANUNNAKI lui donnèrent la désignation de 30.

2. NABU

Fils Royal de MARDUK et de SARPANIT,
Héritier aîné de MARDUK,
À lui furent confiés les secrets de l'Écriture et de
la Sagesse.
Appelé NEBO et NABAK,
Il est le messager [Mercurios] de MARDUK
Et l'organisateur de la Tribu mardukite et des
lignées amorites,
Conseiller de Nebuchadnezzar et de Nabupollasar,
Et les prophètes de MARDUK, Maerdechai et
Maelchezidek,
En Égypte il est THOTH-le-Jeune,
Frère de Satu, que les Égyptiens nommèrent Seth,
NABU est le *vizir* de MARDUK sur Terre.
Les ANUNNAKI lui donnèrent la désignation de 12.

3. ISHTAR

Appelée « Reine du Paradis» par ENLIL et ANU et
Connue sous les noms d'INANNA, ISTAR, ASTARTE
   et NINMESARRA.
Elle est connue en tant que [ISIS] Maîtresse de l'Amour
   et de la Guerre, Déesse des deux.
Dans les terres éloignées, elle est appelée ASTAROTH
   et APHRODITE,
Aucun homme qui la sert ne peut servir une autre dame.
Elle est la Vénus, « l'Étoile du Matin », celle qui brille
   le plus.
Servante d'ANU et épouse de DUMUZI [Tammuz],
Les ANUNNAKI lui donnèrent la désignation de 15.

4. SAMAS

Frère d'ISHTAR « l'Étoile du Matin, », SAMAS est «
   l'Étoile du Jour. »
Lui fut donné le règne de l'enceinte de l'APSU et de
   l'UTU [UDDU],
SAMAS [Shammash] s'éleva à la fonction de Seigneur
   du Soleil,
Parmi les Jeunes Dieux (des ANUNNAKI),
Et la fonction de SOL et HELIOS par certaines tribus.
Jumeau d'ISHTAR, ils sont tous deux descendants de la
   lignée d'ENLIL,
Les ANUNNAKI lui donnèrent la désignation de 20.

5. NERGAL

Seigneur Chthonien d'ENLIL et de NINLIL,
Régnant avec ERESHKIGAL, Dame du Monde-
   Souterrain,
Connu en tant qu'ERAKAL, LUGALIRRA, MES-
   LAM-TAEA,

Et certains ont même dit HÉRACLÈS dans des
 lieux éloignés.
Dans la querelle originelle entre ENLIL et ENKI,
Et parmi les Jeunes Dieux,
Les MARDUKITES et les ENLILITES,
NERGAL s'est tenu en tant que conciliateur et
 médiateur entre les lignées,
Mais il reçut ensuite la charge de Mars et des
 « Horribles Armes »,
Il vida la ville de BABYLONE avec les « Horribles
 Armes »
Et ainsi... il reçut des ANUNNAKI la désignation de 8.

6. MARDUK

Seigneur du Sixième Sceau et Gardien-du-Portail
 du Sud,
Appelé LUGALDIMMERANKIA [Seigneur du Paradis
 et de la Terre]
En son foyer: BABYLONE,
Gardien du BABILI [Passerelle des Dieux].
Héritier d'ENKI [E.A.] et de DAMKINA
 [DAMGALNUNNA]
Et mari de SARPANIT [ZARPANITUM],
Seigneur de Jupiter [Dys Pater] et d'un nom parmi
 cinquante: NIBIRU,
L'unificateur et le défenseur des Dieux et des Tablettes
 de la Destinée,
Le Seigneur des Cinquante Noms des ANUNNAKI,
Qui fut exilé dans la Pyramide
Pour la mort de DAMUZI [Tammuz],
Et qui combattit pour la suprématie sur Terre,
Voyant l'autorité de son Père ENKI
Privée par la lignée d'ENLIL,
Les ANUNNAKI lui donnèrent la désignation de 10,

Mais MARDUK assuma la désignation de 50 à
> BABYLONE,
Et voyagea vers des lieux éloignés
Et sur les terres de MAGAN,
Annoncé par les Babyloniens: Seigneur de la
> Planète Terre.

      7. NINIB
Ou NINURTA, héritier d'ENLIL,
Descendant de l'ancienne Dynastie céleste IB
> d'UR-ANU,
Appelé le Seigneur du Vent: ADAD et ISKUR,
Appelé le Seigneur du Tonnerre: RAMMAN
> et KRONOS.
À ADAR fut donné la fonction et les propriétés
> de SATURNE,
Pour remplacer l'ancien ANSHAR, telle était
> l'implication.
Les ANUNNAKI lui donnèrent la désignation de 4.

LIVRE ÉGYPTIEN DES NOMS MORTS

Le Scribe OSIRIS des Vrais Mots parla après son arrivé
> au Paradis.
Il est bon pour l'homme de psalmodier les Vrais Mots
> pendant qu'il est sur Terre,
Alors que les Vrais Mots de TEM s'accomplissent:
« Je suis le dieu élevé TEM et je suis le Seul et
> l'Unique.
À ce titre, je suis entré en existence en NU.
Je suis RA qui s'est élevé au commencement et je suis
> le Seigneur de cet Univers. »

Qui est-ce?

« Il s'agit de RA, qui s'éleva au commencement dans la ville de HENSU,
Et qui apparut couronné tel un roi épanoui.
Les Portails de SHU n'étaient pas encore créés,
Et il se proclama lui-même sur les Pas de KHEM.
Je suis le Grand Dieu qui s'est créé lui-même,
Et qui créa NU,
Et qui prêta son nom à la Compagnie des Dieux en tant que dieux. »

Qui est-ce?

« Il s'agit de RA, le créateur du nom de chacun de ses membres,
Qui sont en fait venu à être sous forme de dieux,
La forme de ceux qui servent dans la Procession de RA.
Je suis celui qui ne peut être rejeté parmi les dieux. »

Qui est-ce?

« Il s'agit de TEMU, le Résident dans son Disque Ailé,
Mais certains diront qu'il s'agit de RA, lorsqu'il montera sur l'Horizon Oriental.
Je suis Hier et je connais Aujourd'hui. »

Qui est-ce?

« Hier est le passé qui est OSIRIS,
Et Aujourd'hui est le présent qui est RA,
Le jour où il devra détruire les ennemies de NEBER-TCHER,
Et lorsqu'il devra établir son fils HORUS en tant que prince et dirigeant.
D'autres diront qu'Aujourd'hui est RA,

Au jour du Festival d'Osiris-tué
Réuni avec son père RA,
Et lorsque la bataille céleste des dieux fut combattue
     pour la première fois,
Et OSIRIS fut nommé le Seigneur d'AMENTET. »

Qu'est-ce?

« Il s'agit d'AMENTET, la création des âmes des dieux
À une époque où OSIRIS était commandant dans SET-
     AMENTET.
D'autres diront que l'AMENTET appartient à RA;
Lorsque n'importe quel dieu Arrive, il doit s'élever et
     combattre pour le titre.
Je connais le dieu caché qui réside à l'intérieur. »

Qui est-ce?

« Il s'agit d'OSIRIS, bien que d'autres diront qu'il
     s'agit de RA,
Et que le dieu qui habite dans l'AMENTET est le
     phallus de RA,
Avec lequel il s'unit avec lui-même et ainsi engendra
     les dieux.
Je suis l'oiseau BENU résident en ANU,
Je suis le gardien des Tablettes de la Destinée,
Le document de ce qui fut fait par les dieux,
Et d'autres disent de ce que toutes choses dans cet
     univers sont faites. »

Qui est-ce?

« Il s'agit d'OSIRIS et pourtant d'autres diront qu'il
     s'agit du corps mort d'OSIRIS,
Et d'autres encore diront qu'il s'agit de l'excrément
     d'OSIRIS.

Les choses qui furent faites,
Et les choses qui seront faites
Font référence au corps mort d'OSIRIS.
D'autres diront que les choses qui furent faites sont
    Éternité,
Et les choses qui seront faites sont Pérennité,
Et que l'Éternité est le Jour et la Pérennité est la Nuit.
Arrivant, je suis le dieu MENU. »

Qui est-ce?

« MENU est HORUS, le Partisan de son Père OSIRIS,
Et par son arrivée nous voulons dire sa naissance.
Deux plumes ornent sa tête et sont ISIS et NEPHTHYS,
Deux déesses arrivent et lorsqu'elles se sont fixées sur
    cet acte,
Elles agissent en tant que protectrices de MENU qui est
    HORUS,
D'autres diront que les deux plumes
Appartiennent à la tête de TEM,
Et d'autres encore diront que les plumes sont les yeux
    de MENU.
Viens dans la Ville, archiviste des offrandes du
    sacrifice,
Viens, Scribe-OSIRIS qui possède les Vrais Mots. »

Quelle est cette ville?

« Il s'agit de l'horizon de son père TEM.
Arrivant, j'ai mis fin à mes inégalités,
Et été absous de mes péchés. »

Qu'est-ce?

« Il s'agit de la coupe du cordon ombilical du
Corps du Scribe-OSIRIS,

Possesseur des Vrais Mots parmi les dieux,
Et toutes ses inégalités sont absoutes. »

Qu'est-ce?

« Il s'agit de la purification de l'OSIRIS Élevé au jour
de sa naissance.
Je suis purifié par le Grand Nid Double qui est en
HENSU,
Que les disciples viennent au Jour des Offrandes,
À l'Autel Sacrificiel, au Grand Dieu Invisible qui y
réside. »

Qu'est-ce que ce Grand Nid Double?

« Le nom d'un des nids est [l'étoile de] Million
d'Années
Et le Grand Océan Vert est le nom de l'autre,
C'est-à-dire le Lac de Natron et le Lac de Sel.
Mais d'autres diront que le nom de l'un est la Planète
de Million d'Années
Et que le Grand Étang Vert est le nom de l'autre.
D'autres encore diront que le Père de Million d'Années
Est le nom de l'un,
Et que le Grand Lac Vert est le nom de l'autre.
Maintenant, concernant le Grand Dieu Invisible qui y
réside,
Il ne s'agit d'aucun autre qu'AMON-RA lui-même.
Arrivant, je passe au-dessus du chemin, à la tête de
l'Île de MAATI. »

Qu'est-ce?

« Il s'agit de RA-STAU, c'est-à-dire,
Le Portail du sud de NERUTEF,
Et le Portail du nord du Grand Tombeau.

L'endroit où se trouve l'Île de MAATI est dans l'ABTU
[Abzu?].
À l'endroit où sont produits le bétail et le grain
Et la subsistance des dieux qui résident dans leurs
Sanctuaires.
Quant au Portail TCHESERT, il s'agit du Portail des
Piliers de SHU,
Ce qui signifie le Portail du nord de TUAT [« âmes
mortes »; « Cutha »].
D'autres diront que le Portail de TCHESERT est en fait
Ces Doubles Portes du Paradis par lesquelles le dieu
TEM passe,
Lorsqu'il Arrive, émergeant de
L'Horizon du Ciel, à l'est.
Assemblée Sainte des Dieux qui sont le témoin de la
présence d'OSIRIS,
Accepte-moi dans tes bras.
Je suis le dieu élevé qui Arrive afin de faire partie de
votre groupe. »

Qui sont ces dieux?

« Arrivant, ils sont les gouttes de sang du phallus
de RA,
Au moment où il pratiqua l'automutilation.
Ces gouttes de sang bondirent sous forme d'êtres
Et furent les formes des dieux HU et SA,
Qui sont les Gardes de RA,
Et qui accompagnent le dieu TEM dans ses voyages
quotidiens.
Arrivant, j'ai rempli l'Œil UT-CHAT de RA,
Après le moment où il fut blessé
Durant le combat des Deux Combattants: HORUS
et SET. »

De quelle nature est ce combat?

« Le combat féroce entre HORUS et SET,
Durant lequel SET lança de la crasse sur le visage
 d'HORUS,
Et HORUS broya le membre [organes génitaux]
 de SET.
THOTH accomplit le remplissage de l'Œil UT-CHAT
 de RA.
Arrivant, j'ai enlevé le nuage-tonnerre du ciel
Au jour où il y aura une tempête avec du tonnerre et des
 éclairs. »

Qu'est-ce?

« La tempête elle-même fut la manifestation de la
 colère de RA
Et le nuage-tonnerre est ce qu'utilisa SET contre
 l'Œil Droit de RA.
Ce fut THOTH qui enleva le nuage-tonnerre de l'Œil
 de RA,
Et ramena l'Œil de RA à la vie, sain et en santé.
D'autres diront que le nuage-tonnerre fut causé par la
 maladie de RA,
L'Œil Droit de RA [le Soleil] qui pleur son compagnon,
L'Œil Gauche de RA [la Lune];
Et à cet instant THOTH nettoya l'Œil Droit de RA.
Je suis témoin du RA élevé
Né de nouveau hier de la cuisse de la déesse MEHURT;
La force de RA est ma force, et ma force lui
 appartient. »

Qui est cette déesse?

« MEHURT est la déesse de la grande Eau Céleste,

Mais d'autres diront qu'elle est l'image de l'Œil de
 RA à l'Aube.
Certainement, d'autres diront que MEHURT est l'UT-
CHAT [Œil] de RA.
Grand suis-je parmi la procession d'HORUS;
Ceux disant qu'il est un prince qui aime vraiment son
 seigneur. »

Qui sont les dieux qui font partie de la procession d'HORUS?

« Leurs noms sont KESTA, HAPI, TAU-MUTEF et
 KEBHSENUF.
Gloire à vous, seigneurs de la justice et de la vérité,
Gloire à vous, princes souverains TCHATCHA qui
 gardent OSIRIS,
Qui absous les péchés et les offenses,
Qui suivent la déesse HETEP-SEKHUSH,
Ouvrez la voie afin que je puisse venir parmi vous.
Annihilez chaque inégalité se trouvant en moi,
Comme vous l'avez fait avec les Sept Esprits qui
 servent leur seigneur SEPA.
ANPU [Anubis] leur alloua leurs rangs lorsqu'il dit
 Arriver. »

Qui sont les seigneurs de la justice et de la vérité?

« Les seigneurs de la justice et de la vérité sont THOTH
 et ASTES,
Et le Seigneur d'AMENTET.
Les TCHATCHA se rassemblèrent auprès d'OSIRIS,
Leurs noms sont KESTA, HAPI, TAU-MUTEF et
 KEBHSENUF.
Et ils sont également rassemblés autour de la
Constellation de la Cuisse du Bœuf,

[La Grande Ourse] dans le Ciel Nordique.
Ceux qui absolvent les péchés et les offenses,
Et qui sont au service de la déesse HETEP-SEKHUS,
Incluant le dieu SEBEK et ses associés qui habitent
    dans l'eau.
La déesse HETEP-SEKHUS est l'Œil de RA.
D'autres diront qu'il s'agit d'une Flamme,
Celle qui accompagne OSIRIS
Lorsqu'il brûle l'âme de ses ennemis.
Concernant les inégalités d'OSIRIS,
Ceux-ci sont archivés par le Registraire des Offrandes,
Qui fait l'archive de tous les sacrifices
Qui fut fait en l'honneur de n'importe quel dieu,
Et chaque offense commise par l'homme est connue du
Seigneur de l'Éternité,
Depuis le jour où ils Arrivèrent de l'Utérus de la Mère.
Concernant les noms des Sept Esprits : les noms sont
KESTA, HAPI, TAU-MUTEF, KEBHSENUF,
    MAATEF,
KHERIBEKEF et HERU-KHENTI-EN-ARITI.
Les Sept Esprits, ANUBIS nomma,
Afin qu'ils soient les protecteurs du corps mort
    d'OSIRIS.
D'autres diront qu'il les plaça autour du sanctuaire
    d'OSIRIS.
Les Sept Esprits nommés par ANUBIS sont également
connus sous d'autres
Noms: il y en a qui les appellent NETCHEH-
    NETCHEH,
AATKHETKET, NERTANEF-BESEF-KHENTI-
    HEHF,
AQ-HER-AMI-UNNUTF, TESHER-ARITI-AMI-HET-
    ANES,
UBES-HER-PER-EMKHETKHET,

Et finalement, MAAEM-KERH-ANNEF-EM-HRU.
Le chef des princes TCHATCHA qui résident en
    NAARUTEF,
Le chef est HORUS, le Partisan du Père.
Lorsqu'ANUBIS dit aux Sept Esprits «d'Arriver.»
ANUBIS fut comme RA lorsqu'à OSIRIS il demanda
    «d'Arriver.»
Que ces mêmes mots me soient dits à mon Arrivée en
    AMENTET.
Je suis l'Âme Divine qui réside à l'intérieur des Divins
Dieux-Jumeaux.»

Qui est cette Âme Divine?

« L'Âme Divine est OSIRIS.
Lorsqu'il Arriva en TETU, il trouva l'Âme de RA,
Et les dieux s'étreignirent l'un l'autre,
Et deux Âmes Divines en viennent à exister à l'intérieur
    et en tant que
Dieux-Jumeaux Divins.
Concernant les Dieux-Jumeaux Divins, ils sont
    habituellement connus sous les noms:
HERU-NETCH-HER-TEFEF et HERU-KHENT-EN-
    ARITI,
[signifiant HORUS le Partisan d'OSIRIS et HORUS
    l'Aveugle.]
D'autres diront que cette Âme Divine à l'intérieur des
Dieux-Jumeaux Divin
Est l'Âme de RA et l'Âme d'OSIRIS,
D'autres encore diront qu'il s'agit de l'Âme de SHU et
    de l'Âme de TEFNUT,
Et ces Âmes forment l'Âme Divine double qui réside
    en TETU.
Je suis le Chat qui se battit près de l'Arbre en ANU,

La nuit où les ennemis de NEBER-TCHER furent détruits. »

Qui est ce Chat?

« Ce Chat mâle est Ra, appelé MAU,
À cause du discours fait du dieu SA.
Et ainsi le nom de RA est devenu MAU.
D'autres diront que le Chat mâle est le dieu SHU,
Celui qui donna les possessions de KHEB à OSIRIS.
Concernant la bataille qui eut lieu près de l'Arbre
    en ANU,
Ce fut un jour de massacre pour les
Enfants de la Rébellion, pour leur malfaisance.
La nuit de la bataille, les Enfants de la Rébellion
    envahirent et
Le Portail de l'est du Paradis fut infiltré,
Et une grande bataille commença au Paradis
Et s'étendit jusque sur Terre.
Gloire à toi qui résides dans l'Œuf de RA et dans le
Disque Ailé.
Gloire à toi qui t'élèves sur l'horizon.
Gloire à toi qui brilles de Rayons Dorés
Depuis les sommets du Paradis.
Gloire à toi qui es comme aucun autre,
Qui navigue au-dessus des Piliers de SHU,
Et qui envoie un souffle de feu de ta bouche,
Et qui bénit les Deux Territoires avec ta grandeur,
Et qui offre NEBSENI à OSIRIS,
À partir du dieu inconnu dont la forme reste cachée,
Dont les sourcils sont les bras de la Balance,
À la nuit des jugements lorsque les sentences sont
    exécutées. »

Qui est ce dieu invisible?

« Il s'agit du Porteur de Son Bras [«AN-A-F»],
Et la nuit du jugement est la nuit du Brûlement des
   Damnés,
Et du renversement des malicieux
Et du massacre de la rébellion. »

Qui est le chef contre ce massacre?

« Il s'agit de SHESMU, le général d'OSIRIS.
Le dieu inconnaissable et invisible, bien...
Certains disent qu'il s'agit d'AA-PEP [APEP] élevé
Possédant les ailes de MAAT.
D'autres disent qu'il s'agit d'HORUS élevé avec
   deux têtes,
L'une étant la plume de MAAT,
Et l'autre la plume de la malice.
D'autres disent qu'il s'agit d'AMON-RA enfermé dans
   la pyramide.
D'autres disent qu'il s'agit du Vieil HORUS, HERU-
UR qui résidait en SEKHEM;
D'autres encore disent qu'il s'agit de THOTH
Et d'autres, NEFER-SEM; ou SET,
Guerriers des ennemis de NEBERTCHER.
Libérez le scribe NEB-SENI, diseur de Vérité, des
   Guetteurs,
Les Guetteurs portant les épées meurtrières,
Qui possèdent les mains cruelles de la mort.
Et qui massacreraient ceux qui sont au service
d'OSIRIS.
Que ces Guetteurs n'aient jamais de pouvoir sur moi,
Et que leurs lames ne coupent jamais mon corps. »

Qui sont ces Guetteurs?

« Ils sont ANUBIS et HORUS l'Aveugle.
D'autres diront qu'ils sont les Princes TCHATCHA d'OSIRIS,
Et d'autres diront qu'ils sont les chefs de la SHENU [chambre].
Que leurs lames ne m'atteignent jamais.
Que jamais je ne tombe entre les mains de ceux qui infligent les cruelles tortures.
Car je connais leurs noms et leurs natures,
Et je sais également que MATCHET, qui est parmi eux
Dans la Maison d'OSIRIS,
Étant invisible, il lance des Rayons de Lumière de son œil,
Et il parcourt le paradis vêtu de flammes sortant de sa bouche.
Que je sois fort sur terre devant RA,
Et que j'Arrive en sûreté en la présence d'OSIRIS.
Gloire à vous qui présidez au-dessus de l'Autel des Offrandes,
Ne laissez pas vos sacrifices venir à court,
Car je suis un serviteur de la lignée de NEBERTCHER,
Selon le Pacte énoncé dans l'écriture du KHEPHERA.
Arrivant, laissez-moi voler comme un faucon et caqueter comme une oie,
Mais laissez-moi toujours être comme la déesse-serpent HEHEB-KA. »

Qui préside au-dessus de l'Autel des Offrandes?

« Ils sont l'unification de l'Œil de RA et de l'Œil d'HORUS.
Gloire à toi, RA-TEM, Seigneur du Manoir en ANU,

Gloire à toi, Souverain-Vie [ankh] de toutes les
   compagnies des dieux,
Délivrez votre scribe NEBSENI, qui dit la vérité,
Délivrez-le des dieux dont le visage ressemble à un
   chien sombre,
L'inaperçu qui veille au recoin du Lac de Feu [UNT],
Attendant de dévorer les corps des morts et avaler
   leur cœur. »

Qui est le dieu au visage de chien sombre?

« Il est connu en tant que Dévoreur Éternel, habitant le
   Royaume des Flammes.
Le Domaine du Feu, il s'agit: d'AAT en NAARUTEF
   près de SHENU.
Un pécheur qui entre en ces lieux tombe sous les Épées
   des Guetteurs.
D'autres diront que le nom de ce dieu est MAT-ES,
Le Guetteur du Portail d'AMENTET,
Et d'autres encore diront que son nom est HERSEPEF.
Gloire à toi, Seigneur de la Terreur, Chefs des
   Deux Territoires,
Gloire à toi, Seigneur du Désert,
Qui prépare le groupe pour le massacre,
Et qui se nourrit de l'intérieur de l'homme. »

Qui est ce Seigneur de la Terreur?

« Il s'agit du Gardien du recoin du torrent de
   l'AMENTET. »

Qui est ce Gardien?

« Il s'agit du Cœur d'OSIRIS,
Qui dévore l'essence de toutes choses massacrées.
C'est à lui que la Couronne URRT fut donnée,

Faisant de lui de Seigneur de HENSU. »

Qui est-ce?

« Celui qui porte la Couronne URRT,
Seigneur de HENSU, qui est OSIRIS.
Il reçut le pouvoir de régner parmi les dieux
Au jour de l'Union-de-la-Terre-avec-la-Terre
En la présence de NEBER-TCHER. »

Qui est-ce?

« Il est celui qui reçut le pouvoir de régner parmi les
 dieux, le fils d'ISIS,
Désigné à régner dans la chambre de son père OSIRIS.
Concernant le jour de l'Union-de-la-Terre-avec-la-
 Terre,
Il s'agit de l'union de la terre avec la terre dans le
Cercueil d'OSIRIS,
L'Âme qui vit en HENSU,
Le donneur de viande et de bière et le destructeur de
 tout tort,
Et qui est le guide du Voyage Éternel. »

Qui est-ce?

« Il s'agit de RA lui-même,
Et de ceux qui l'accompagnent dans son voyage, il
 s'agit de SUTI,
Quoique d'autres diront qu'il s'agit de SMAMAR, qui
 est l'Âme de KEB.
Gloire à toi, KHEPHERA dans le Bateau,
Gloire aux deux Compagnies des Dieux qui
 s'assemblent avec toi.
Délivre ton scribe, qui dit la Vérité, de l'emprise
 des Guetteurs,

Les Guetteurs qui exécutent les jugements de la ruine
    sur les Âmes,
Qui ont été commandés par le NEBER-TCHER pour le
    protéger,
Et il n'y a aucune échappatoire à leur emprise.
Protège-moi, qui n'a jamais fait les choses que les dieux
    détestent.
Arrivant, je suis celui qui est pur dans la chambre
    MESKET. »

Qui est-ce?

« Il s'agit de KHEPHERA dans son bateau et il s'agit
    de RA lui-même.
Les Guetteurs qui exécutent les jugements sont les
APES-ISIS et NEPHTHYS.
Les choses que les dieux détestent sont les actes de
    mensonges et de tricheries.
Celui qui Arrive à la place de la purification,
La place à l'intérieur de la chambre MESKET, est
    ANUBIS,
Qui se tient à côté de la jarre contenant l'intérieur du
    corps d'OSIRIS,
Celui à qui les Gâteaux d'Offrandes
Ont été sacrifiés en TANNT pour OSIRIS.
D'autres diront que les Gâteaux en TANNT
Indiquent le Paradis-Terre,
Et d'autres encore diront qu'ils symbolisent SHU,
Le fortifiant des Deux Terres en HENSU;
Et encore, d'autres diront qu'ils représentent l'Œil
    d'HORUS,
Et que TANNT est le lieu de l'enterrement du corps
    d'OSIRIS.
TEM bâtit la Haute Maison,

Et le double lion-Dieu fixa les fondations de ton habitation.
HORUS purifie et fortifie SET,
SET purifie et fortifie HORUS.
Fais demi-tour, REHU, toi dont la bouche brille et dont la tête bouge.
Fais demi-tour de l'inaperçu qui garde la veille.
Arrivant, garde et protège ton scribe des Vrais Mots.
Les mortels, tu retiens dans les ténèbres, toi qui es suivi par la peur.
Les sœurs jumelles ISIS et NEPHTHYS te sont livrées pour le plaisir.
Tu as créé ce qui est en KHER-AHA et ce qui est en ANU.
Toi qui es grand et terrible, qui est craint de tous les dieux en haut comme en bas;
Avec des flèches, tu venges chaque dieu qui fut maudit par l'humain.
Tu vis conformément avec ta volonté seule.
Gloire, UATCHET, la Dame des Flammes,
Et laisse-le mal venir à ceux qui s'élèvent contre toi. »

Qui est-ce?

« Ce qui est caché, «Don de MENH», est le nom du tombeau.
Le KERAU est celui qui voit ce qui est montré sur sa main.
La bouche qui brille
Et la tête qui bouge sont le phallus d'OSIRIS.
Et pourtant d'autres diront qu'il s'agit du phallus de RA.
UATCHET, la Dame des Flammes, est l'œil de RA. »

TABLETTE B
LE LIVRE DES PORTES STELLAIRES BAB.ILI

Plusieurs « Portes Stellaires » furent fabriquées à travers l'univers. La tradition ANUNNAKI fait spécifiquement allusion à plusieurs, incluant un Portail, ou peut-être même plusieurs Portails, vers « l'Extérieur », ce qui existe telle une barrière séparant l'espace-temps (dimension) de la « Planète Terre » (monde physique) des « forces malveillantes primordiales » qui furent « verrouillées » [voir le Livre de la némésis][10]. L'archétype d'un tel portail est pratiquement universel dans la mémoire et la conscience ancestrale. Selon la tradition babylonienne, lorsque MARDUK « réussit » à conquérir les Grands Anciens, la barrière fut créée et scellée, par l'aide et le pouvoir d'ENKI.

Ce système de sept seuils ou Portails est souvent mentionné dans le système initiatique de cette tradition. Il y a également une corrélation entre ces Portails et les « Sceaux de l'Apocalypse », qui sont pour ainsi dire « l'Horloge de l'Armageddon » de l'humanité qui fut mise en place. Par conséquent, la Planète Terre et le système solaire local parcourent leur propre Échelle de Lumière initiatique et sa finalité coïncide avec « l'ouverture » des « Quadrangles », qui sont les Portails des « quatre coins » de l'Univers. Ces Portails ne s'ouvrent pas tous simultanément, mais plutôt graduellement avec le temps.

---

10 Le *Livre de la némésis* est inclut en tant que Tablette N dans le présent ouvrage.

Il est dit que le Portail de l'Est commença à s'ouvrir durant l'éveil de masses durant les années 1960, quoique d'autres disent que cela commença plutôt avec le travail d'Aleister Crowley en Égypte en 1904. Il semble que le Portail de l'Ouest fut significativement ouvert aux alentours de 1977 (près, ironiquement, d'un éveil de masse pour la génération « Simon-Sitchinesque, de *Star Wars* à *L'épée de Shannara* »). Les Chambellans mardukites participèrent à l'élargissement du Portail du Sud en 2009, qui s'est vraisemblablement ouvert complètement en 2012 (bien que certains disent que ce sera en 2022-2024) et finalement le Portail du Nord devrait commencer à s'ouvrir vers le milieu du siècle, atteignant son apogée en 2087 (certains affirment que cela se déroulera plus tôt).[11]

La plupart des érudits s'entendent sur le fait que le « Livre des Morts » égyptien ne provient pas du tout d'Égypte et le dernier siècle d'égyptologie tend à démontrer que ce système, de même que la culture égyptienne en entier, émergèrent plutôt de la région mésopotamienne, comme le suggère la tradition mardukite, avec la migration du « BABILI » ou « Passerelle des Dieux » du contrôle babylonien vers l'Égypte, où MARDUK fut connu sous le titre de RA (parmi d'autres). Ce n'est ainsi pas une surprise que le même symbolisme de Portail-de-Mort répandu dans d'autres

---

11 Certaines fausses idées sont apparues concernant ces « Portails » et leur « chronologie » depuis la publication originale de ce livre. Ils ne doivent pas être considérés comme des changements ou des événements physiques observables, mais plutôt comme points décisifs dans l'évolution de l'être humain et de la conscience sur la planète alors que la Terre progresse vers un « Nouvel Âge. »

textes mésopotamiens (donné ailleurs dans ce texte) apparaisse dans le *Livre égyptien des Traversées*.

Cette version correspond avec des parties du Livre des Portes-Stellaires, mélangées avec des références au Papyrus « hermétique » d'Ani, qui introduit le lecteur aux formules d'un système de portails, incluant les symboles de correspondances ainsi que les noms des « Gardiens des Portails » et des « Guetteurs » – deux entités distinctes qui semblent accompagner chacun des Portails en tant que « Gardiens ». Les Portails sont appelés « AR.IT » dans les sources égyptiennes. Dans les cérémonies (magiques) d'initiation de soi et de la « formation du Corps Astral », les fonctions de l'Échelle de Lumière et du « AR.IT » sont identiques. De plus, une autre série de vingt-et-un portails, appelés « Pylônes », est décrite religieusement presque à la manière d'un grimoire médiéval. [Un « Pylône » est un mot grec qui décrit les portes en « trilithe », tel qu'on peut en voir à Stonehenge et à l'entrée d'un temple égyptien.]

FORMULE CÉRÉMONIALE

Le prêtre chamanique se doit de toujours observer la voie pieuse et les Rites d'Offrande à l'Autel du Sacrifice. Cela est traditionnellement fait en entonnant les « prières » provenant des tablettes conjointement à des offrandes d'encens, de grains ainsi que des libations d'eau, de miel et de babeurre (et dans certains cas, de vin). De l'huile sacrée ou « sainte » apparaît dans virtuellement tous les anciens rites babyloniens, et l'on croit maintenant qu'elle eut des propriétés psychotropes, bien que la mixture exacte soit perdue — à l'exception d'une formule qui requiert le mélange de flocons d'or [une pierre], avec les essences d'un « binu » [un arbuste/arbre] ainsi que de « mastakal » [une herbe]. De l'eau et de l'huile sont fréquemment placées devant les idoles dans les temples, en plus d'offrandes spécifiques d'albâtre, d'or et de lapis-lazuli.

INVOCATION DU PORTAIL DE NANNA

Esprit de la Lune, SUEN [Sin], O NANNA, Le
    Puissant,
SUEN [Sin], qui est unique et lumineux parmi les dieux
    ANUNNAKI,
La lumière qui fait grâce aux nations, exalté au Paradis
    et sur Terre,
Sois favorable envers moi, un Serviteur du Pacte.
Lumineuse est ta lumière et brillante est ta torche, tel le
    Dieu-de-Feu
Ta luminosité s'étend jusqu'au bout de la Planète Terre.
ASIMBABBAR dans le ciel, de qui aucun homme
    n'apprend l'intention,
Le destin de l'univers est placé devant toi,
Portail du Grand Portail des Sphères, ouvre-toi à moi
    maintenant.
Dieu de la Nouvelle Lune, de qui aucun homme n'ap
    prend l'intention,
J'ai versé l'offrande de libation dans la nuit et ai fait ap
    pel à toi.
Prosterné, je me tiens au seuil du Portail des Dieux.
Que mon dieu et ma déesse, qui sont depuis longtemps
    en colère envers moi,
Au nom de la vérité et de la justice,
Je vous demande d'agir avec pitié envers moi.

Dame du Paradis et de la Terre, dans ta splendeur, pro
tèges les Quadrangles,
ISHTAR, Aînée de SUEN [Sin] et progéniture de
NINGAL.
Moi, __, fils de __ et de __, dont le dieu est __ et la
déesse est __.
Que NABU réponde à mes appels par le décret de
tes mots.
Que la maladie de mon corps soit arrachée.
Que les maux de ma chair soient consumés.
Que la consomption de mes muscles soit enlevée.
Que les poisons qui sont sur moi soient absous.
Que l'anathème soit arrachée et consumée!
À tes ordres, que les ANUNNAKI reviennent et
soient établis.
Que dieu et roi soient favorisés par votre miséricorde
immuable.

INVOCATION DU PORTAIL DE NABU

Héro de BABYLONE, prince et héritier aîné du
Seigneur MARDUK,
NABU, dirigeant des terres, progéniture de SARPANIT.
NABU, Protecteur de la Tablette de la Destinée des
ANUNNAKI,
Esprit du Portail du Seigneur NABU, ouvre grand le
Portail.
Seigneur des Temples, Seigneur du Monticule et de la
Tour des Nations,
Ton nom est dans la bouche du peuple.
Fils de MARDUK, héritier Légitime de MERKUR,
entends-moi.

Moi, __, fils de __ et de __, dont le dieu est __ et la
   déesse est __.
Je suis ton serviteur, permets moi de vivre et d'être par
   fait dans ta justice.
NABU, Esprit de BABYLONE, souviens-toi, reviens,
   et sois établit
Avec la Maison des ANUNNAKI
Et puissent-ils ordonner la miséricorde sur Terre.
Que mon dieu se tienne à ma main droite,
Que ma déesse se tienne à ma main gauche,
Que les esprits [gardiens] favorables soient à mes côtés.
Seigneur NABU, aîné de MARDUK, souviens-toi de
   moi et sois miséricordieux.

INVOCATION DU PORTAIL D'ISHTAR

ISHTAR, Dame du Ciel,
Ton trône repose sur les brillants cieux étoilés,
Toi qui brilles comme l'Étoile-Solaire
Et qui reçut l'Esprit de Vénus,
Tu es puissante et exaltée parmi les nations et le
   cosmos,
Ordonne la Lumière ici sur Terre,
Ouvre grand le seuil de ton Portail.
Déesse des déesses, sois miséricordieuse envers moi
Et aie pitié de mes soupirs.
Je fais appel à toi : qu'il y ait bonne fortune et prospéri
   té sur les terres.
ISHTAR, Reine de l'Horizon-où-le-Soleil-s'Élève,
Je fus en quête de ta lumière et en fus le témoin,
Permets à ma lumière de briller également.
Ce qui se tient à ta main droite augmente
La bonne fortune sur les terres,

Et ce qui se tient à ta main gauche, que cela soit chargé de ta faveur.
Je fais appel à toi afin que tu ouvres le Portail au nom du Pacte juré,
Moi, __, fils de __ et de __, dont le dieu est __ et la déesse est __.
Je fais appel à toi par les secrets des dieux,
Et au nom de la plus sainte Tablette de la Destinée [Union].
Que les mots que je prononce soient entendus des ANUNNAKI.
Que les dieux des ANUNNAKI soient favorables en vers toi et moi.
Que ton nom soit entendu jusqu'aux nations distantes du monde.
Portail de la Sphère de l'Étoile du Matin, ouvre-toi à moi.

INVOCATION DU PORTAIL DE SAMAS

SAMAS [SHAMMASH], Juge des Dieux ANUNNAKI,
Seigneur des IGIGI,
Toi qui reçus les pouvoirs et les forces du Soleil,
SAMAS, Gardien du Disque Flamboyant, le Disque Brûlant, souviens-toi de moi.
Moi, __, fils de __ et de __, dont le dieu est __ et la déesse est __.
J'en appelle à l'Esprit du Portail de SAMAS, ouvre grand le Portail.
SAMAS, Esprit du Soleil, ouvre le Portail de l'Étoile Flamboyante.

Je fais appel à toi à partir de la Sphère de ta sœur,
 ISHTAR, entends mon appel.
Au nom de l'Ancien Pacte des ANUNNAKI,
Et au nom de la plus sainte Tablette de la Destinée
 [Union],
J'en appel au Portail du Soleil à s'ouvrir grand.

INVOCATION DU PORTAIL DE NERGAL

Puissant Seigneur NERGAL, Héro des peuples,
Aîné de NU.NAM.NIR,
Prince d'ENLIL parmi les ANUNNAKI et Seigneur de
 la Guerre.
Je fais appel à toi à partir du Portail et de la Sphère du
 Soleil,
Entends-moi, Seigneur du Sous-monde, époux
 d'ERESHKIGAL.
NERGAL, Bras Fort des ANUNNAKI et des IGIGI,
Lorsque tu traverses les cieux lumineux, ta place est
 éminente.
Esprit du Portail des Morts, entends-moi, et ouvre grand
 le Portail, c'est
Moi, __, fils de __ et de __, dont le dieu est __ et la
 déesse est __.
Puisque tu as décidé d'être bienveillant envers moi,
 j'honore ta divinité,
Dans ta compassion et ta miséricorde, que ton cœur en
 colère trouve le repos.
Replis-toi avec tes Armes Horribles et maintien la paix.
Esprits des Portails d'ARRA et d'AGGA, ouvre-toi
 à moi.
Que ton nom soit annoncé avec humilité parmi le
 peuple.

INVOCATION DU PORTAIL DE MARDUK

MARDUK, Omnipotent, Tout-Puissant d'ASSUR,
Exalté, de Sang Noble, Ainé d'ENKI,
Tout-puissant MARDUK, qui réjouit ITURA,
Seigneur d'ISAGILA, Assistant de BABYLONE, Amoureux d'IZIDA,
Préservateur de Vie, Prince d'IMATILLA, Rénovateur de Vie,
Ombre sur la Terre, Protecteur des Terres Étrangères,
MARDUK est éternellement le Souverain des Sanctuaires,
MARDUK est éternellement le Nom dans la bouche du peuple.
Moi, __, fils de __ et de __, dont le dieu est __ et la déesse est __.
Fais appel à l'Esprit du Portail de MARDUK afin qu'il ouvre grand le Portail.
Tout-Puissant Seigneur MARDUK,
À tes ordres, les Terriens restent en vie,
À tes ordres, permets-moi de vivre, d'être parfait,
Permets-moi d'être le témoin de ta divinité.
Ce dont je veux qu'il soit, permets-moi de l'obtenir.
MARDUK, fais en sorte que la vertu sorte de ma bouche,
MARDUK, fais en sorte que la miséricorde réside en mon cœur,
Reviens sur Terre; établis les ANUNNAKI, et ordonne la miséricorde.
Que mon dieu se tienne à ma main droite.
Que ma déesse se tienne à ma main gauche.
Que mon Seigneur, qui est favorable envers les étoiles, se tienne fermement à mes côtés,

Afin de prononcer le Mot d'Ordre, afin d'entendre ma
   prière et de m'être favorable.
Lorsque je parle, fais en sorte que les mots soient
   puissants.
Tout-Puissant Seigneur MARDUK, viens et ordonne
   la vie.
Les Feux de BEL vont avec toi, qu'ENKI sourit sur
   nous tous.
Que les Bon [Ancien] Dieux se délectent de ta
   miséricorde.
Que les Dieux Terrestres [Déités] soient favorables
   envers toi et moi.
Esprit du Portail de MARDUK, ouvre-moi le Portail.

INVOCATION DU PORTAIL DE NINIB

Majestueux fils, aîné de [GI]BIL [BEL] dans les
   Anciens Jours,
Puissant Élu, progéniture parfaite du Paradis,
NINIB, vêtu du manteau de terreur et de Ténèbres,
Qui marche sur la Voie des Morts et qui traverse le Por-
tail de la Mort à volonté,
Majestueuse est la place de NINIB parmi les Dieux
   ANUNNAKI.
Exalté est ton nom dans l'E.KUR,
La Maison des ANUNNAKI sur Terre,
Et ton père [GI]BIL a fait de toi le Législateur
   des Dieux.
Au nom du plus ancien et sacré Pacte des Dieux,
Et au nom de la secrète et inestimable Tablette de la
   Destinée,
Moi, __, fils de __ et de __, dont le dieu est __ et la
   déesse est __.

Appel au Portail de NINIB afin qu'il s'ouvre devant le
>   jugement de l'humanité.
Portail des Derniers Jours, ouvre grandes les portes à
>   ton pouvoir.
Viens ici-bas et ordonnes, mène le peuple sans meneur,
Tiens la main du faible et exalte le fort,
Mais permets à chacun de passer à travers le Portail de
>   l'Esprit de NINIB.
NINIB, Prince ANUNNAKI, Sombre Vagabond des
Lieux Sombres Entre-Deux,
Entends mes pleurs et ais pitié,
Témoignes de miséricorde envers ton serviteur de
>   BABYLONE.
Sois favorable envers moi, emporte mes péchés et
>   enlève mes inégalités,
Afin que je puisse me présenter devant mon dieu et ma
>   déesse en pure perfection.
Que ton nom soit toujours loué parmi les mots du
>   peuple.

L'ARRIVÉ ET LA TRAVERSÉE
DE L'HORIZON OU LE PORTAIL DE L'OUEST

Celui Qui s'Élève à partir de la Terre est lié à la Terre,
Mais il peut traverser l'Horizon de l'Ouest à partir de la
>   Caverne de Pierre [Lapis].
Seulement au moyen de la Traversée [l'Arrivée], Celui
>   qui s'Élève peut-il
Apprendre la Vrai Connaissance du Royaume de Ceux
>   qui sont Glorieux,
Au-delà de l'Horizon de l'Ouest [Portail] se trouve une
>   voie perfide.
Dans la Caverne de Pierre [Lapis] se trouve

Le Chaudron de la Renaissance [Régénération]
Celui Qui s'Élève monte sur les ailes du Faucon —
 s'Élevant au-dessus de
Lui-même ainsi que des noms écrits dans le Livre des
 Mystères Sacrés.
S'Élevant au-dessus, Celui qui s'Élève surmonte l'at
 trait de la vie sur Terre,
Provenant ni de la Terre, ni du Paradis,
Mais de la Place du Lien-Paradis-Terre.

Celui qui s'Élève arrive afin de savourer l'offrande de
 gâteaux et de vins,
Et un mélange de fongus noir [soma]
Provoquant la séparation de l'esprit et du corps.
Dans l'Endroit des Visions, il est placé dans
L'Utérus de la Création [Renaissance - Abysse].
Restreint, incapable de bouger,
Sa voix est entendue, appelant ses ancêtres.
S'élevant au-dessus en esprit, il rencontre l'Éclaireur
Et implore le Gardien.

Arrivant vers Celui qui Ouvre les Chemins, il doit
 être testé
En passant auprès de l'Habitant-sur-le-Seuil.
Le corps s'agite,
Puis se repose par les mots de [la déité solaire
 primaire] :

« Je suis le Connaisseur des Noms Secrets et des
 Nombres Secrets.
Je suis le Connaisseur du Nom de Celui Sans-Limite,
Celui Sans-Limite qui est au-dessus des Seigneurs de
 l'Est et de l'Ouest,

Parmi les dieux, puissances et forces, je suis Celui qui est le Plus Puissant. »

Celui qui s'Élève se débat et devient de l'humidité scintillante [sueur].
Le Veilleur attend
Car lorsqu'il n'est pas sous la protection du [Dieu Solaire],
Il se débat contre les Daemons [Démons] des Ténèbres.
Il arrive étant Celui qui s'Élève et revient étant Celui qui s'est Élevé,
Ayant surmonté les épreuves et tribulations de la Traversée.
D'étranges sons et lumières emplissent l'air telle une tempête.

Celui qui s'est Élevé s'éveille, mais ne peut en premier lieu bouger sans aide.
Il se fait offrir le gobelet d'eau douce pour raviver sa gorge sèche.
Étant ressuscité à la vie à partir des Caves de Pierre [Lapis],
Celui qui s'est Élevé ascensionne pour devenir l'Illuminé.

L'ARRIVÉE ET LA TRAVERSÉE DES SEPT PORTES [ÉGYPTIEN][12]

Au Premier Portail.
Le nom du Gardiens-du-Portail est SEKHET-HE-A-SHT-ARYU.

---

12 La recension égyptienne est incluse pour fin de comparaison et pour la postérité.

Le nom du Guetteur est SMETTI.
Le nom du Héraut est HAKHERU.
Je suis Celui qui est Majestueux qui a créé sa propre lumière.
Arrivant vers toi OSIRIS
Purifié de tout ce qui a pu t'offenser,
Je t'adore OSIRIS. Mène-moi sur la Voie Cachée.
Gloire à toi, OSIRIS, dans ta puissance et ta force en RA-STAU.
Élève-toi Osiris, et conquiers en ABTU.
Tu te déplaces autour du Paradis, naviguant en la présence de RA,
Tu poses ton regard sur tous les êtres intelligents.
Gloire à toi RA, toi qui te déplaces quotidiennement autour de la Voie du Paradis,
OSIRIS, en vérité je le dis,
Je suis le SAHU [Corps-Spirituel] du dieu,
OSIRIS, je t'en fais la requête, ne me laisse pas être repoussé,
Ne me laisse pas être lancé contre le mur de Feu Étincelant.
Que le chemin me soit ouvert en RA-STAU.
Que la douleur d'OSIRIS soit soulagée,
Et étreigne ce avec quoi la Balance est contre-pesée.
Qu'une voie soit clarifiée pour l'OSIRIS dans la Grande Vallée,
Arrivant, que l'OSIRIS ait la Vrai Lumière
Pour le guider sur son chemin.

Au Second Portail.
Le nom du Gardiens-du-Portail est UNHAT.
Le nom du Guetteur est SEQT-HER.
Le nom du Héraut est UST.

Arrivant, il se déplace afin d'accomplir le désir de
  son cœur,
Et il pèse ses mots en tant que Second de THOTH.
La force qui protège THOTH
Humilie les MAATI [dieux] cachés,
Qui se nourrissent de MAAT pour subsister
Durant les années de leur vie.
Lorsqu'il se déplace au bon moment, je lui offre des
  offrandes.
Arrivant, j'entre pour avancer sur la voie.
Accorde-moi les décrets afin que je puisse continuer à
  voyager sur le chemin,
Et que je puisse m'élever à la vue de RA,
Et de ceux qui offrent leurs offrandes à RA.

Au Troisième Portail.
Le nom du Gardiens-du-Portail est UNEM-HAUA-
  TU-ENT-PEHUI.
Le nom du Guetteur est SERES-HER.
Le nom du Héraut est AA.
Je suis celui qui est caché dans la Grande Profondeur.
Je suis le juge du REHUI,
Arrivant, j'ai absous les offenses qui furent sur OSIRIS.
Arrivant de l'URT, je sécurise la place sur laquelle il
  se tient.
J'ai établi le Portail en ABTU,
J'ai ouvert le chemin à travers RA-STAU
Et j'ai soulagé la douleur qui fut en OSIRIS.
J'ai balancé l'endroit sur lequel il se tient,
Et j'ai éclairci la voie
Afin qu'il puisse briller radieusement en RASTAU.

Au Quatrième Portail.

Le nom du Gardiens-du-Portail est KHESEF-HER-
　　ASHT-KHERU.
Le nom du Guetteur est SERES-TEPU.
Le nom du Héraut est KHESEF-AT.
Arrivant, je suis le Taureau du Paradis,
Le fils de l'aïeule d'OSIRIS.
Que le père d'OSIRIS, le Seigneur des Dieux,
Qu'il soit le témoin en son nom.
J'ai pesé le poids des âmes coupables au jugement.
Arrivant, je lui apporte la Vie Éternelle.
Je suis le fils d'OSIRIS et j'ai accompli le voyage.

Au Cinquième Portail.
Le nom du Gardiens-du-Portail est ANKHF-EM-FENT.
Le nom du Guetteur est SHABU.
Le nom du Héraut est TEB-HER-KHA-KHEFT.
Arrivant, je t'ai apporté la mâchoire en RA-STAU.
Arrivant, je t'ai apporté l'épine dorsale en ANU.
J'ai rassemblé les nombreux morceaux d'OSIRIS.
J'ai gardé AA-PEP loin de toi.
J'ai craché dans les blessures de son corps.
Je me suis frayé un chemin parmi vous.
Je suis devenu Le Plus Ancien parmi vous.
J'ai fait l'offrande du sacrifice à OSIRIS
Je l'ai défendu avec le Mot de Vérité.
J'ai rassemblé ses os, ainsi que tous ses morceaux.

Au Sixième Portail.
Le nom du Gardiens-du-Portail est ATEK-TAU-KEHA-
　　Q-KHERU.
Le nom du Guetteur est AN-HER.
Le nom du Héraut est ATES-HER-ARI-SHE.
Je suis Arrivé quotidiennement, je suis Arrivé
　　quotidiennement.

Je me suis moi-même frayé un chemin.
J'ai maîtrisé ce qui fut créé par ANPU [Anubis].
Je suis le Seigneur de la Couronne URT du Paradis.
Je suis le gardien des mots arcanes du pouvoir magique
    [Ur-Hekau],
Et je suis le Vengeur selon l'Ancien Pacte.
J'ai demandé justice pour les blessures de l'Œil comme
J'ai défendu OSIRIS et fut étreint par la destinée
    [voyage].
Par le mot secret qui est « Vérité », permets-moi
    d'Arriver.

Au Septième Portail.
Le nom du Gardiens-du-Portail est SEKHMET-EM-
    TSU-SEN.
Le nom du Guetteur est AA-MAA-KHERU.
Le nom du Héraut est KHESEF-KHEMI.
Je suis Arrivé afin d'être purifié de tout ce qui est
    Malsain.
OSIRIS. Comme toi qui Arriva à partir du Paradis,
Tu aperçois RA et tu aperçois ceux qui ont la Connaissance non corrompue.
Gloire à toi! L'Élu!
Gloire à toi qui parcours le Paradis dans le bateau
    SEKTET.
Il Arrive fort, et je parle à son SAHU [corps spirituel].
Prépare-moi la voie favorable qui me mène vers toi!

L'ARRIVÉE ET LA TRAVERSÉE DES VINGT-ET-UN PORTAILS SECRETS DE LA MAISON « D'OSIRIS »

Au Premier Portail.

Arrivant, j'aperçois la Dame des Tremblements,
Haute de Stature, la Dame Souveraine, la Dame de la
 Destruction,
Qui n'a besoin que de prononcer le mot afin de repous
 ser le Destructeur,
Et qui est en mesure de nous délivrer de la Destruction
 provenant de lui.
Et le nom du Gardien-du-Portail est NERUIT.

Au Deuxième Portail.
Arrivant, j'aperçois la Dame du Paradis,
La Maîtresse de Deux Terres,
La Dame qui dévore par le Feu, la Dame des Mortels,
Qui est infiniment plus grande que n'importe quel
 simple humain.
Et le nom du Gardien-du-Portail est MES-PTAH.

Au Troisième Portail.
Arrivant, j'aperçois la Dame de l'Autel des Offrandes,
La Puissante Dame à qui les sacrifices sont faits,
Bien-aimée de tous les dieux navigants sur la rivière
 vers ABYDOS.
Et le nom du Gardien-du-Portail est SEBKA.

Au Quatrième Portail.
Arrivant, j'aperçois Celui qui est Victorieux par
 les Épées,
La Maîtresse des Deux Terres,
Destructrice des Ennemies d'OSIRIS au Cœur-
 Immobile,
Qui n'a qu'à prononcer les mots afin d'alléger les souf
 frances du peuple.
Et le nom du Gardien-du-Portail est NEKAU.

Au Cinquième Portail.
Arrivant, j'aperçois les flammes, la Dame de Feu,
Incinérant les traités faits à elle par les Non-vrais,
Qui ne permet qu'aux Vrais d'approcher.
Et le nom du Gardien-du-Portail est HENTI-REQIU.

Au Sixième Portail.
Arrivant, j'aperçois la Dame de la Lumière,
La Dame Qui Rugit Puissamment,
De qui les mots ne peuvent être compris par les
    hommes.
Son espèce n'a pas été formée depuis le
    Commencement.
Et j'aperçois des Serpents qui sont inconnus des
    hommes.
Ils sont emmenés devant OSIRIS au Cœur-Immobile.
Et le nom du Gardien-du-Portail est SEMATI.

Au Septième Portail.
Arrivant, j'aperçois les vêtements enveloppant Celui
    qui est Sans-défense,
La Dame qui Pleure et l'Amante de ce qui est Caché.
Et le nom du Gardien-du-Portail est SAKTIF.

Au Huitième Portail.
Arrivant, j'aperçois le Feu Brûlant et Sans-forme,
Le Feu Inextinguible, les Langues de Feu Sans Borne,
L'Irrésistible Annihilation de soi,
Le Portail-de-Mort lui-même, qu'aucun homme mortel
    ne peut traverser.
Et le nom du Gardien-du-Portail est KHUTCHETEF.

Au Neuvième Portail.
Arrivant, j'aperçois la Dame de la Force,

Qui calme les cœurs de la progéniture de son seigneur.
Sa taille est de trois-cent-cinquante KHET,
Et elle est vêtue de la Pierre-Verte du Sud.
Elle lie la Forme Divine afin de vêtir Celui qui est
 Sans défense.
Dame de tous les Hommes et Reine Dévoreuse.
Et le nom du Gardien-du-Portail est ARISUTCHESEF.

Au Dixième Portail.
Arrivant, je vois la Déesse de la Sirène,
La Dame qui fait pleurer ses serviteurs,
La Terrible qui terrifie pour son propre plaisir,
Mais qui reste froide face à ses propres actes.
Et le nom du Gardien-du-Portail est SEKHENUR.

Au Onzième Portail.
Arrivant, je me suis frayé un chemin à travers les
 Portails
Et je te connais,
Et je connais ton nom,
Et je connais le nom de celle qui est en toi:
Celle qui est la Tueuse, qui Consume les Démons par
 le Feu,
La Maîtresse de tous les Portails,
La Dame qui est annoncée au Jour des Ténèbres.
Voilà ton nom.

Au Douzième Portail.
Arrivant, je me suis frayé un chemin à travers les
 Portails
Et je te connais,
Et je connais ton nom,
Et je connais le nom de celle qui est en toi:
L'invocatrice des Deux Terres,

La Destructrice par le feu de ceux qui t'ont précédé,
La Dame des Esprits, qui Obéit au Mot du Seigneur.
Voilà ton nom.

Au Treizième Portail.
Arrivant, je me suis frayé un chemin à travers les
	Portails
Et je te connais,
Et je connais ton nom,
Et je connais le nom de celle qui est en toi:
OSIRIS l'étreignit afin de produire HAPI [« L'esprit
	du Nil »].
Celle qui émet la Splendeur des Endroits Cachés
	d'OSIRIS.
Voilà ton nom.

Au Quatorzième Portail.
Arrivant, je me suis frayé un chemin à travers les
	Portails
Et je te connais,
Et je connais ton nom,
Et je connais le nom de celle qui est en toi:
La Dame de la Puissance, la Dame Qui Écrase les
	Démons Rouges,
La Gardienne du Festival de HAAKER.
Voilà ton nom.

Au Quinzième Portail.
Arrivant, j'aperçois le Démon, Rouges sont ses
	Cheveux et ses Yeux.
La Dame Qui Apparaît La Nuit,
Que ses mains soient données à OSIRIS à son heure,
Qu'elle avance, qu'elle aille de l'avant.
Voilà ton nom.

Au Seizième Portail.
Arrivant, j'aperçois Celle qui est Terrible, la Dame des
 Tempêtes,
La Destructrice des Âmes des Hommes,
La Dévoreuse des Corps des Hommes,
Celle qui Conçoit l'Ordre, qui Produit et Crée le
 Massacre.
Voilà ton nom.

Au Dix-septième Portail.
Arrivant, j'aperçois la Séparatrice du Sang,
AHIBIT, la Dame des Cheveux.
Voilà ton nom.

Au Dix-huitième Portail.
Arrivant, j'aperçois l'Amante du Feu, la Pure Dame,
La Dame Qui Aime Massacrer,
La Reine des Décapitations, Celle qui est Dévouée,
La Dame de la Grande Maison, qui Massacre les
 Démons à la Tombée du Jour.
Voilà ton nom.

Au Dix-neuvième Portail.
J'aperçois Celle qui donne la Lumière de la Vie,
La Lumière qui brille toute la journée,
La Dame de la Force
Et des écrits de THOTH.
Voilà ton nom.

Au Vingtième Portail.
Arrivant, j'aperçois Celle qui Habite la Caverne de
 son Seigneur,
La Dame qui voile ses créations,
Celle qui Conquiert [dévore] les Cœurs.

Voilà ton nom.

Au Vingt-et-unième Portail.
Arrivant, j'aperçois la Lame qui Coupe Vraiment
Lorsque son nom est prononcé,
La Tueuse de Ceux Qui Approchent la Flamme,
Voilà ton nom.

La Dame Possédant des Plans Cachés,
Ainsi que l'OSIRIS AUFANKH, les Vrais Mots.
Gloire, dit HORUS,
Aux vingt-et-un Portails d'OSIRIS.
Arrivant, je me suis frayé un chemin à travers les
        Portails
Et je te connais,
Et je connais ton nom,
Et je connais le nom de la déesse qui te garde:
« L'Épée qui détruit par l'invocation de son
        propre nom,
Face puante, Destructrice de celui qui approche les
        Flammes. »
Voilà ton nom.

Tu gardes les secrets cachés du vengeur du dieu,
Tu gardes les choses cachées.
AMAN est ton nom, provoquant l'arrêt de la croissance
        du frêne [cèdre],
Ainsi que l'arrêt de la floraison du SHENU [acacia],
Et empêchant le cuivre d'être trouvé dans la terre.
Les TCHATCHA [« Chefs Dieux »] de ce Portail sont
        les Sept Dieux.
TCHEN est le premier nom et ANTHCH est le second.
HETEPMES est le troisième nom.
MESSEP est le quatrième nom.

UTCHARA est le cinquième nom.
BEK est le sixième nom.
Et ANPU [Anubis] est le nom final.

Arrivant, je me suis frayé un chemin.
Je suis MENU-HERU, le vengeur de son père,
L'héritier de son père UN-NEFER.
Arrivant, j'ai offert un sacrifice à mon père OSIRIS.
Arrivant, j'ai renversé les ennemis d'OSIRIS.
Je suis Arrivé quotidiennement avec le Mot de Vérité,
Dans la maison de mon père TEM, le Seigneur d'ANU,
Et moi, l'OSIRIS-AUFANKH,
Dont le mot est vérité dans le Paradis Austral.
J'ai fait ce qui est bien pour celui qui a fait ce qui
    est bien,
Et j'ai célébré le Seigneur du Festival de HAAKER.

Arrivant, j'ai joué le rôle du Meneur des Festivals.
Arrivant, j'ai donné des gâteaux aux
Seigneurs de l'Autel d'Offrande.
Arrivant, j'ai été le Meneur des Offrandes
    Propitiatoires.
Arrivant, je suis le protecteur de la BA [« âme »],
Et j'ai fait apparaître l'oiseau BENU par mon
    invocation.
Je suis Arrivé quotidiennement à la maison du dieu
Afin de faire des offrandes d'encens.
Je suis venu avec le SHENTI [« tunique »],
Et j'ai placé le Bateau NESHEM sur la rivière.

Arrivant, j'ai emporté le mot
D'OSIRIS KHENTI AMENTIO
Et j'ai placé le Mot de Vérité contre les ennemis
    d'OSIRIS.

J'ai emporté tous les ennemis d'OSIRIS
À l'Abattoir Oriental,
Et jamais ils ne s'échapperont de la vigile du dieu KEB.
Arrivant, j'ai fait prêter attention aux dieux KEFAU
    de RA,
J'ai démontré son mot en tant que Mot de Vérité.
Je suis Arrivé en tant que scribe
Et j'ai expliqué les écrits des dieux.
À cause de moi, le dieu a à nouveau pris possession
    de ses jambes.
Je suis Arrivé à la montagne, résidence d'ANUBIS.

Arrivant, j'ai vu le Chef du Hall de SEH.
Invisible, je suis Arrivé pour entrer en RA-STAU.
J'ai par moi-même trouvé le Portail vers l'Extérieur.
J'ai approché NERUTEF
Et j'ai navigué sur la rivière vers ABYDOS.
J'ai effectué les rites et les rituels de HU et de SA.

Arrivant, je suis entré dans la maison d'ASTES.
J'ai imploré les KHATI [dieux]
J'ai donné des offrandes à SEKHMET
Dans le temple de NET [Anciens Dieux].
Invisible, je suis Arrivé pour entrer en RA-STAU.
J'ai par moi-même trouvé le Portail vers l'Extérieur.
J'ai approché NERUTEF
Et j'ai navigué sur la rivière vers ABYDOS.
Et j'ai effectué les rites et les rituels de HU et de SA.

Arrivant, j'ai été reçu, couronné le Roi Ressuscité.
Je trouve mon siège sur le trône appartenant à
    mon Père,
Mon Père, le Dieu Qui Fut Le Premier à exister au
    commencement.

J'ai rendu hommage au MESKHEN de TA-TCHE-SERT.
J'ai ouvert ma bouche afin qu'elle soit emplie de MAAT [Vérité des Dieux].
Je suis Arrivé afin de submerger les AK-HEKAU [serpents].
Je suis Arrivé dans la Grande Maison des Dieux
Et mon corps ressuscité a été perfectionné.
Longuement, me suis-je permis de voyager dans le bateau de HAI.

Arrivant, je suis entré dans la maison d'ASTES.
J'ai approché afin de rendre hommage aux KHATI ainsi qu'à SEKHMET,
Qui sont en ANU au temple des Anciens Dieux.
Arrivant, j'entends le grand dieu OSIRIS prononcer les mots:
« Tu es Arrivé, et tu seras un favori en TETU.
Tu es Arrivé, mon OSIRIS AUFANKH, dont le mot est vérité,
Et le fils de la Dame SHERT-EN-MENU, dont le mot est vérité. »

TABLETTE C
LE LIVRE DES TRAVERSÉES ET DU SOUS-MONDE

Voici le Livre des Traversées, de la Descente d'INANNA-ISHTAR-ISIS dans le « Sous-monde » et de la Traversée des Morts que les prêtres d'Ani/Annu ont appelés « l'Ouverture de la Bouche ». Les véritables mystères nécromantiques concernent en premier lieu la nature d'une « vie après la mort » et en particulier de l'endroit et de la nature de ce « royaume ». Bien que certains cultes de la « Déesse de la Mort » se développèrent à une date antérieure, le concept religieux égypto-mésopotamien d'une vie après la mort s'est développé parmi la population dans la tradition mardukite (Mésopotamie post-sumérienne) plus tardive ainsi que dans le culte osirien d'ISIS (Égypte postdiluvienne). Ces mystères mettent l'emphase sur AMON-RA, puis ATEN, qui sont tous les deux des noms associés à MARDUK.

Les disputes politiques et religieuses parmi les « dieux sur Terre » ANUNNAKI ont mené dans les temps anciens à l'évolution des diverses perspectives culturelles et géographiques, adoptant ainsi le même panthéon sous des noms différents. Le rôle de la suprématie semble également avoir changé à travers les « âges ». Les tablettes provenant des traditions babyloniennes et égyptiennes plus tardives étant préservées aujourd'hui sont, en fait, des altérations importantes des croyances « originelles » du peuple durant les Jours les plus Anciens. Par exemple, MARDUK et INANNA/ISHTAR sont parmi les plus jeunes membres des Anciens Dieux et pourtant ils sont élevés à un rôle suprême, ce qui est dû essentiellement à leurs victoires par la force. Bien que la communauté magique moderne voit rapidement le courant d'INANNA/ISHTAR/ISIS comme étant dans la catégorie de la Suprême « Déesse Mère », cela n'était ni l'intention ni les croyances du système original, et cette icône centrale de la « Déesse de l'Amour et de la Guerre » (des passions) s'est plutôt développée en tant que résultat direct de son usage de ces traits dans sa propre ascension astucieuse de l'échelle hiérarchique à Sumer, à Babylone et en Égypte.

Le rôle et la fonction de MARDUK changèrent durant l'ère prébabylonienne, lorsqu'il quitta les territoires enlilites et lança l'héritage et la religion d'Égypte, se proclamant sous le nom de RA, sous l'égide du « Dieu Père » et chef des scientifiques (et généticiens) ANUN-NAKI, PTAH/ENKI. Le rôle d'ANU ne fut pas dissous, bien que le nom change légèrement pour « Annu » (nom qui est donné, comme c'est le cas d'autres déités, à différents lieux, individus et dieux).

Avec l'évolution de la « Religion Stellaire » de MAR-DUK/RA, l'emphase est ajusté vers ATEN, communément associé au « Disque Ailé » – Le symbole central de la tradition magique d'INANNA/ISHTAR/ISIS (aussi appelée « Astarte » et « Ashtoreth »), comme celui de MARDUK. Cette tradition magique fut en premier lieu exécutée sous sa forme cérémonielle par ENKI (puis passé à MARDUK avant de devenir la possession de NABU). L'ankh, ou « nœud d'Isis », est basé sur l'image d'un serpent ailé (dragon) enroulé autour d'une croix (« Tau »). Le scarabée est un autre symbole archétypal semblable. Non seulement ces images et symboles représentent la vie en ce monde, ils sont aussi la vie après la mort ainsi que la mort en elle-même, le point de la « traversée de l'entre-deux ».

Les traditions nécromantiques concernant les Sous-mondes ne s'appliquent pas seulement à des rôles fonctionnels pour l'initiation cérémoniale et psychologique de l'être, ou en d'autres mots la « mort » métaphorique ou spirituelle de l'ancien être programmé, mais emplissent également un besoin religieux bien réel pour la psyché : la nature de la vie après la mort. La descente d'INANNA et même les autres versions connues « égyptienne » et « tibétaine » du « Livre des Morts » sont le plus souvent interprétées hors du contexte dans lequel ils ont été écrits à l'origine. En premier lieu, les morts *ne lisent pas*. Les Livres des Morts ne sont pas des guides pour les « morts », mais plutôt des manuels pour les « mourants », qui sont, bien entendu, les « vivants ». Ils étaient enterrés avec les morts en tant qu'aides représentatives pour la transition de l'esprit. Ils sont en vérité des Livres de traversées, de transitions, de voyages, d'avis sur la nature de la réalité et des dimensions. Par exemple : le texte d'INANNA peut également être interprété comme un voyage du nord au sud de l'Afrique, le livre tibétain comme un guide de méditation pour une « libération naturelle » et le livre égyptien des morts est littéralement « REU NU PERT EM HRU » (qui signifie « Chapitres concernant le jour de la traversée ») et est un texte funéraire cérémonial, devant être lu par un prêtre vivant, nommé le « Ker Heb ».

Le thème de l'épopée d'INANNA/ISHTAR (ainsi que des autres cycles similaires) concerne le monde inférieur, que certains interprètent comme étant une sorte « d'autre-monde des morts » ou un « Sous-monde », alors que d'autres (comme Sitchin) défendent que les anciennes références aux royaumes supérieur et inférieur indiquent plutôt le « nord » et le « sud », le « paradis » et la « terre » indiquant de la même manière le « ciel » et le « sol », respectivement. Les versions évoluent selon les cultures et les puissances à travers le temps. Ainsi, dans une version préliminaire sumérienne, INANNA cherche une rétribution pour la mort de son amoureux (connu sous le nom de TAMMUZ). Les versions plus tardives témoignent de la même histoire, mais les noms changent pour les « ISHTAR » (ou « ISTAR ») et « DAMUZI » babyloniens. Des changements plus majeurs s'effectuent lorsque l'épopée entre dans le cycle égyptien osirien de résurrection, et c'est ici où les recherches savantes perdent leurs sens, s'attardant sur une version de l'histoire se passant bien après les faits d'origines révélant ainsi pourquoi de nombreux chercheurs ont négligé les connexions égypto-babyloniennes (et sumériennes) par le passée.

La véritable utilité fonctionnelle de la descente d'ISHTAR vers le « bas » est habituellement ouverte à l'interprétation. MARDUK et ISHTAR sont en fait demi-frères, et avec MARDUK né d'ENKI et ISHTAR étant essentiellement issus de la lignée Enlilite, l'union des deux dans un mariage avait pour but d'unir les clans ANUNNAKI en conflits. Une telle union ne s'est toutefois jamais produite.

Lorsque le pouvoir s'est transféré aux « plus jeunes » des Anciens Dieux (par ex.: MARDUK, ISHTAR, THOTH/HERMÈS/(NIN)GISHZIDDA, etc.), ils ont continué à se battre entre eux pour la suprématie sur Terre. Certaines versions de l'épopée décrivent INANNA/ISHTAR cherchant à libérer « l'âme » ou plutôt à ressusciter « l'esprit » de son amant en faisant des demandes à la Reine du Sous-monde, ERESHKIGAL, qui est en fait la sœur et la rivale d'ISHTAR.

La version écourtée se trouvant dans la version populaire du Necronomicon (édité par Simon) témoigne d'un objectif complètement différent : INANNA, ouvrant des Portails dans les terres du « bas » afin de relâcher de puissants « démons » comme rétribution pour la mort de son amant. Dans tous ces exemples, les tablettes relatant ce voyage dans l'Autre-monde décrivent ce qui sont peut-être les plus anciens savoirs nécromantiques disponibles aux chercheurs. Une version indique la responsabilité de MARDUK dans la mort de DAMUZI, ce qui enflamme de plus belle la querelle entre les demi-frères et sœurs et qui a pour conséquence l'emprisonnement de MARDUK dans la Grande Pyramide, forçant ainsi son absence à Babylone et en Égypte durant l'âge où il était censé régner. Entretemps, dans les territoires enlilites, ENLIL a maintenu sa position en tant que Jéhovah. En ces endroits, ENKI devient un « Satan » avec sa lignée de « Serpents » et de « Dragons » et tous les autres ANUNNAKI deviennent des « anges déchus » subalternes et inférieurs au « Dieu » Jéhovah (ENLIL).[13]

---

13 Tel que vu dans les *Livres d'Enoch* sémitiques bien plus tardifs.

Un élément intéressant du cycle d'INANNA/ISHTAR est la présence du système de « Sept Portails ». La plupart des chercheurs s'entendent à dire que ceux-ci ne sont pas les sept Portes-Stellaires traditionnels des ANUNNAKI mais plutôt la manifestation d'un système miroir alternatif. Cela a en fait beaucoup de sens. La Kabbale sémitique prit racine dans ces traditions mésopotamiennes et est également un système de « zonei-stations ». Comme nous avons des preuves de l'existence de sept « Portails de Vie » liés à un ensemble équivalent de « Portails de Mort », la Kabbale sémitique a un « Arbre de Vie » et un « Arbre de Mort » composés d'énergies similaires appelées « Sephiroth ». Ceux-ci existent à la fois « au-dessus » et « en dessous » du royaume matériel physique de l'existence avec lequel nous sommes le plus familiers. La version secondaire « démoniaque » de la Kabbale traditionnelle est appelée « Qlippoth ».

LA DESCENTE D'ISHTAR DANS LE SOUS-MONDE

Voici la chronique d'ISHTAR [INANNA],
Reine du Paradis, Maîtresse des Dieux,
Étoile la plus Brillante dans les Cieux.
Vers la Terre Basse du Non-retour, vers le Royaume
    d'ERESHKIGAL,
ISHTAR la fille de NANNA-SIN [la Lune] fixa ses
    pensées.
Du Grand Haut elle fixa ses pensées vers le Grand
    Bas [Abzu].
La Déesse du Grand Haut
Fixa ses pensées vers le Grand Bas.

Vers la Résidence Assombrie, le domicile d'IRKALLA,
Vers la Terre Noire, les terres de CUTHA,
Vers la maison dont nul ne peut sortir, elle mit le pied,
Vers la route dont il n'existe aucun retour, elle mit
    le pied,
Vers la caverne qui n'accepte aucune lumière,
Vers l'endroit où des bols de poussières sont la
    nourriture,
Vers l'endroit où personne n'aperçoit de lumière, vivant
    dans de pures ténèbres,
Vers l'endroit où les gens sont vêtus d'ailes d'oiseau
La Dame ISHTAR abandonna les Cieux, abandonna
    la Terre,
Et vers le Sous-monde, elle descendit.

En ERECH elle abandonna EANNA,
Vers le Sous-monde elle descendit.
En BADTIBIRA elle abandonna EMUSHKALAMMA,
Vers le Sous-monde elle descendit.
En ZABALAM elle abandonna ESHARRA,
Vers le Sous-monde elle descendit.
En ADAB elle abandonna ESHARRA,
Vers le Sous-monde elle descendit.
En NIPPUR elle abandonna BARATUSHGARRA,
Vers le Sous-monde elle descendit.
En KISH elle abandonna HURSAGKALAMMA,
Vers le Sous-monde elle descendit.
En AGADE elle abandonna EULMASH
Vers le Sous-monde elle descendit.

ISHTAR prit les sept Décrets Divins
Et les fixa sur son corps,
Elle chercha les sept Décrets Divins
Et les prit dans sa main:

La SHUGURRA, la couronne étoilée d'ANU, elle plaça
    sur sa tête,
La Baguette de Lapis-lazuli, elle agrippa dans sa main,
Le Collier de Lapis-lazuli, elle plaça autour de son cou,
Les Pierres Brillantes et Éclatantes, elle prit et porta,
L'Anneau d'Or de Pouvoir, elle plaça à son doigt,
L'Amulette Frontale, elle plaça comme un plastron,
Avec les vêtements de la Reine du Paradis,
    elle s'habilla,
Et avec les Huiles Sacrées, elle s'oint.

ISHTAR plaça ses pensées vers le Sous-monde et
    s'y rendit,
Son messager de confiance NINSHUBUR marcha à
    ses côtés.
À NINSHUBUR, ISHTAR dit:

« Mon fidèle ami qui est envers moi une source
    constante de soutiens,
Le messager de mes mots véritables,
Le porteur de mes mots supporteurs,
Je te dis que je descends dans le Sous-monde.

« Lorsque je serais complètement descendu dans le
    Sous-monde,
Emplis les espaces des Cieux d'appels de mon
    impuissance,
À l'Assemblée des ANUNNAKI, pleurs ma ruine,
Dans la Maison des Dieux, crée une agitation pour moi,
Abaisses tes yeux pour moi, abaisses ta bouche
    pour moi,
Revêts pour moi les vêtements des pauvres,
Et en E.KUR, la Maison d'ENLIL, rends-toi seul
    pour moi.

« Lorsque tu entreras en E.KUR, la Maison d'ENLIL,
    pleurs devant lui :
Père ENLIL, protège ta petite fille du Portail de
    la Mort,
Protège le métal afin qu'il ne soit pas broyé en
    poussière (dans le Sous-monde),
Protège la pierre [lapis] afin qu'elle ne soit pas brisée
    (dans le Sous-monde),
Protège le bois [la boîte] afin qu'il ne soit pas coupé
    (dans le Sous-monde),
Ne laisse pas la Pure ISHTAR être mise à mort (dans le
    Sous-monde).

« Si ENLIL ne t'aide pas dans cette affaire, alors va
    à UR.

« Lorsque tu entreras en UR, à l'EKISHSHIRGAL,
La Maison de NANNA, pleurs devant lui :
Père NANNA, protège ta fille du Portail de la Mort,
Protège le métal afin qu'il ne soit pas broyé en
    poussière (dans le Sous-monde),
Protège la pierre [lapis] afin qu'elle ne soit pas brisée
    (dans le Sous-monde),
Protège le bois [la boîte] afin qu'il ne soit pas coupé
    (dans le Sous-monde),
Ne laisse pas la Pure ISHTAR être mise à mort (dans le
    Sous-monde).

« Si NANNA ne t'aide pas dans cette affaire, alors va
    à ERIDU.

« Lorsque tu entreras en ERIDU, en la Maison d'ENKI,
    pleurs devant lui :
Père ENKI, protège ta fille du Portail de la Mort,

Protège le métal afin qu'il ne soit pas broyé en
 poussière (dans le Sous-monde),
Protège la pierre [lapis] afin qu'elle ne soit pas brisée
 (dans le Sous-monde),
Protège le bois [la boîte] afin qu'il ne soit pas coupé
 (dans le Sous-monde),
Ne laisse pas la Pure ISHTAR être mise à mort (dans le
 Sous-monde).

« Notre Père ENKI, le Seigneur de la Sagesse,
Qui connaît le secret de la nourriture de la vie,
Qui connaît les eaux de la vie,
Lui sûrement t'écoutera, lui me ramènera à la vie.
Va maintenant, NINSHUBUR, avec les mots que je t'ai
 ordonnés. »

Encore une fois, ISHTAR dirigea ses pensées vers le
 Sous-monde.
Vers le Château de Lapis-lazuli du Sous-monde, elle
 fixa ses pensées.
Au Portail de la Terre de Non-retour au sud, elle arriva.
Au Portail vers le Sous-monde, ISHTAR parla
 méchamment.
Dans le Château du Sous-monde, ISHTAR agit
 méchamment.
Le Guetteur du Portail guetta.
Le Guetteur du Portail,
NINGISHZIDDA [Neti] se leva.
Le Serpent des Profondeurs,
NINGISHZIDDA regarda ISHTAR approcher.

ISHTAR parla au Guetteur du Portail:
« Ô Gardien du portail, ouvre-moi ta porte,
Ouvre ton portail afin que je puisse entrer!

Ouvre, ou j'attaquerais le portail!
Ouvre, ou je défoncerais la porte!
Ouvre, ou je briserais les barres!
Ouvre, ou je ferais tomber les murs!
Si tu n'ouvres pas grandement, je vais réveiller
    les morts!
Si tu n'ouvres pas, je vais faire s'éveiller les morts,
Afin que les morts soient en surnombre et dévorent
    les vivants!
Esprit du Guetteur du Portail, ouvre la porte! »

Le gardien du portail ouvrit sa bouche pour parler
    à ISHTAR:
« Arrêtez, ma dame, ne les faites pas tomber! Qui
    êtes-vous? »

ISHTAR répondit:
« Je suis la Reine du Paradis, l'endroit d'où s'élève
    le Soleil. »

Le gardien du portail répondit:
« Si tu es la Reine du Paradis, l'endroit d'où s'élève
    le Soleil,
Alors pourquoi es-tu venu dans le Sous-monde,
La Terre de Non-retour?
Pourquoi empruntes-tu un chemin d'où les voyageurs
ne peuvent faire marche arrière?
Qu'est-ce qui mena ton cœur à se déplacer ici? »

La Pure ISHTAR lui répondit:
« Je suis venu voir ma sœur aînée ERESHKIGAL,
J'ai entendu dire que son mari GUGALANNA a été tué
Et je suis venu voir et respecter les rites funéraires. »

Le gardien du portail répondit:
« Reste ici et garde ta place, ISHTAR,
Et j'irais annoncer ton nom à ma Reine,
 ERESHKIGAL. »

Le gardien du portail entra dans le château, et dit à
 ERESHKIGAL:
« Ma Reine, ERESHKIGAL,
Votre sœur ISHTAR attend au portail,
Celle qui vient afin de faire respecter les grands
 festivals,
Celle qui remue les profondeurs devant ENKI [EA],
 le roi.
En ERECH, elle abandonna EANNA,
Vers le Sous-monde, elle descendit.
En BADTIBIRA, elle abandonna
EMUSHKALAMMA,
Vers le Sous-monde, elle descendit.
En ZABALAM, elle abandonna ESHARRA,
Vers le Sous-monde, elle descendit.
En ADAB, elle abandonna ESHARRA,
Vers le Sous-monde, elle descendit.
En NIPPUR, elle abandonna BARATUSHGARRA,
Vers le Sous-monde, elle descendit.
En KISH, elle abandonna HURSAGKALAMMA,
Vers le Sous-monde, elle descendit.
En AGADE, elle abandonna EULMASH,
Vers le Sous-monde, elle descendit.

« ISHTAR prit les sept Décrets Divins
Et les fixa sur son corps,
Elle chercha les sept Décrets Divins
Et les prit dans sa main:

La SHUGURRA, la couronne étoilée d'ANU, elle plaça
> sur sa tête,
La Baguette de Lapis-lazuli, elle agrippa dans sa main,
Le Collier de Lapis-lazuli, elle plaça autour de son cou,
Les Pierres Brillantes et Éclatantes, elle prit et porta,
L'Anneau d'Or de Pouvoir, elle plaça à son doigt,
L'Amulette Frontale, elle plaça comme un plastron,
Avec les vêtements de la Reine du Paradis,
> elle s'habilla,
Et avec les Huiles Sacrées, elle s'oint. »

Lorsqu'ERESHKIGAL entendit cela, elle pâlit d'effroi.
Alors que ses lèvres devenaient sombres, elle se dit
> pour elle-même:
« Qu'est-ce qui poussa son cœur à venir ici? Qu'est-ce
> qui contraint son esprit à venir ici?
Devrais-je boire de l'eau avec les ANUNNAKI?
Devrais-je manger de l'argile pour pain, et de l'eau
> boueuse comme soutenance?
Devrais-je déplorer les hommes qui ont laissé leurs
> femmes derrière eux?
Devrais-je déplorer les jeunes filles qui sont arrachées
> des genoux de leurs amants?
Où devrais-je déplorer les enfants renvoyés avant leur
> temps? »
Puis ERESHKIGAL ouvrit la bouche vers le gardien
> du portail:
« Vas, gardien du portail, et ouvre-lui la porte,
Mais traite-la selon les anciennes règles. »

Le gardien du portail alla lui ouvrir la porte, disant:
« Entre, ISHTAR, la terre de CUTHA sera ravie de
> t'accueillir,

La cour de la Terre du Non-retour sera ravie de ta
    présence. »
Le Guetteur du Portail desserra les boulons,
Et les Ténèbres s'écoulèrent sur le visage d'ISHTAR.
Le Guetteur du Portail ouvrit la porte,
Et des Eaux Sombres remuèrent et s'élevèrent afin
    d'emporter la Déesse de la Lumière.
Le Portail de GANZIR, le Guetteur ouvrit.
NINGISHZIDDA ouvrit le Portail vers la Terre du Non-
    retour au sud.

Et ISHTAR entra.

Lorsqu'au Premier Portail ISHTAR entra,
NINGISHZIDDA enleva la Couronne Étoilée du
    Paradis (de sur sa tête).
Et ISHTAR demanda:
« Pourquoi, Serpent, as-tu pris le Premier Joyau? »
Et le Serpent répondit:
« Il s'agit de l'Ancien Pacte,
Les Règles de la Maîtresse du Sous-monde,
Entrez, ma Dame, dans le Premier Portail. »

Lorsqu'au Deuxième Portail ISHTAR entra,
NINGISHZIDDA enleva la Baguette de Lapis-lazuli
    (de ses mains).
Et ISHTAR demanda:
« Pourquoi, NETI, as-tu pris le Deuxième Joyau? »
Et NETI répondit:
« Il s'agit de l'Ancien Pacte,
Les Règles de la Maîtresse du Sous-monde,
Entrez, ma Dame, dans le Deuxième Portail. »

Lorsqu'au Troisième Portail ISHTAR entra,

NINGISHZIDDA enleva le Collier de Lapis-lazuli
    (de son cou).
Et ISHTAR demanda:
« Pourquoi, Gardien du portail, as-tu pris le Troisième
    Joyau? »
Et le Gardien du portail répondit:
« Il s'agit de l'Ancien Pacte,
Les Règles de la Maîtresse du Sous-monde,
Entrez, ma Dame, dans le Troisième Portail. »

Lorsqu'au Quatrième Portail ISHTAR entra,
NINGISHZIDDA enleva les Pierres Brillantes et
    Éclatantes (de sa ceinture?).
Et ISHTAR demanda:
« Pourquoi, Gardien du Portail, as-tu pris le Quatrième
    Joyau? »
Et le Gardien du Portail répondit:
« Il s'agit de l'Ancien Pacte,
Les Règles de la Maîtresse du Sous-monde,
Entrez, ma Dame, dans le Quatrième Portail. »

Lorsqu'au Cinquième Portail ISHTAR entra,
NINGISHZIDDA enleva l'Anneau d'Or de Pouvoir
    (de son doigt).
Et ISHTAR demanda:
« Pourquoi, Guetteur du Portail, as-tu pris le Cinquième
    Joyau? »
Et le Guetteur du Portail répondit:
« Il s'agit de l'Ancien Pacte,
Les Règles de la Maîtresse du Sous-monde,
Entrez, ma Dame, dans le Cinquième Portail. »

Lorsqu'au Sixième Portail ISHTAR entra,
NINGISHZIDDA enleva le Plastron de Droiture

(de sa poitrine).
Et ISHTAR demanda:
« Pourquoi, NINNKIGAL, as-tu pris le Sixième
   Joyau? »
Et le NINNKIGAL répondit:
« Il s'agit de l'Ancien Pacte,
Les Règles de la Maîtresse du Sous-monde,
Entrez, ma Dame, dans le Sixième Portail. »

Lorsqu'au Septième Portail ISHTAR entra,
NINGISHZIDDA enleva les Vêtements de Reine
   (de son corps).
Et ISHTAR demanda:
« Pourquoi, Ancien Messager, as-tu pris le Septième
   Joyau? »
Et l'Ancien Messager répondit:
« Il s'agit de l'Ancien Pacte,
Les Règles de la Maîtresse du Sous-monde,
Entrez, ma Dame, dans le Septième Portail. »

ISHTAR descendit dans le Sous-monde.
Dans les profondeurs de CUTHA, la terre de KUR,
ISHTAR descendit.
Perdus furent les Sept Décrets[14] du Monde-Supérieur.
Perdus furent les Sept Pouvoirs de la Terre des Vivants.
Perdue fut la soutenance de la Nourriture de la Vie et de
   l'Eau de la Vie.
Alors ISHTAR apparut devant ERESHKIGAL.
ERESHKIGAL vit sa présence, et cria.

ISHTAR s'avança vers ERESHKIGAL.

---

14 Les Sept Décrets — interprétés comme étant des « bijoux », « talismans » ou « disques de pouvoir ».

ERESHKIGAL appela NAMMTAR, le Magicien Noir,
Prononçant ces mots alors qu'elle lui parla:
« Vas, NAMMTAR, emprisonnes-là dans les Ténèbres
     de mon château!
Relâches contre elle les Sept ANUNNAKI
Relâches contre elle les Soixante Démons des
     Profondeurs :
Démons des yeux sur ses yeux!
Démons des flancs sur ses flancs!
Démons du cœur sur son cœur!
Démons des pieds sur ses pieds!
Démons de la tête sur sa tête!
Sur son corps en entier, les Démons de KUR! »

Les ANUNNAKI, les Sept Juges de la Mort,
Fixèrent leurs yeux de Mort sur elle,
À leur mot, le mot qui conjure tous les Démons,
Les Démons vinrent et déchiquetèrent ISHTAR de
     tous côtés.
Dans la terre de KUR, ISHTAR fut tuée.
Le corps fut déchiré en lambeaux.
Le corps fut suspendu sur une croix [pieu].

Pour trois jours et trois nuits, ISHTAR resta suspendu.
Lorsque trois jours et trois nuits furent passés,
Le messager d'ISHTAR, NINSHUBAR,
Le messager des favorables mots d'ISHTAR,
Le porteur des mots supporteurs d'ISHTAR,
NINSHUBAR emplit les cieux de lamentations pour
     ISHTAR,
NINSHUBAR pleura pour elle à l'Assemblée des
     Dieux,
NINSHUBAR provoqua de l'agitation pour elle dans la
Maison du Seigneur,

Il abaissa ses yeux pour elle, il abaissa sa bouche pour elle,
Tel un pauvre serviteur il en appela aux Dieux pour elle.
À l'E.KUR, la maison d'ENLIL, seul il se dirigea.
Mais Père ENLIL ne se tenu pas à ses côtés dans cette affaire.
À l'EKISHSHIRGAL, maison de NANNA, il dirigea ses pas,
Mais Père NANNA ne se tenu pas à ses côtés dans cette affaire.
À ERIDU, dans la maison d'ENKI, épuisé, il se dirigea.

Notre Père ENKI, écouta les mots de NINSHUBAR.
ENKI écouta les mots de la descente d'ISHTAR.
ENKI écouta les mots des lamentations pour ISHTAR.
ENKI écouta les mots décrivant l'ouverture de GANZIR.
Père ENKI répondit à NINSHUBAR :
« Qu'est-ce que ma fille vient de faire? Je suis troublé.
Qu'a donc fait ISHTAR? Je suis troublé.
Qu'a donc fait la Reine du Paradis? Je suis troublé.
Qu'a-t-elle fait! »

Le Père ENKI appela l'argile afin de façonner un KURGARRU.
Père ENKI appela le vent afin de façonner un KALATURRU.
De l'argile et du vent, ENKI appela deux élémentaires.
ENKI façonna le KURGARRU, Esprit de la Terre.
ENKI façonna le KALATURRU, Esprit des Profondeurs.
ENKI, au KURGARRU, donna la Nourriture de la Vie.
ENKI, au KALATURRU, donna l'Eau de la Vie.

Aux élémentaires, ENKI parla:
« Levez-vous et placez vos pensées vers le Portail de
    GANZIR,
Vers le Portail du Sous-monde, placez vos pieds,
Vers la Terre de Non-retour au sud, fixez vos yeux.
Les Sept portails du Sous-monde s'ouvriront pour vous
Et aucun charme ou sortilège ne pourront vous en
    empêcher,
Car sur vous j'ai placé mon Nombre.
Prenez la Nourriture de la Vie,
Prenez l'Eau de la Vie,
Et ERESHKIGAL ne vous fera aucun mal.
ERESHKIGAL ne lèvera pas son bras sur vous.
ERESHKIGAL n'aura aucun pouvoir sur vous.
Sur le cadavre d'ISHTAR qui pend sur la croix [pieu],
Dirigez la Peur des Rayons du Feu Secret,
Soixante fois, saupoudrez la Nourriture de la Vie,
Soixante fois, saupoudrez l'Eau de la Vie,
Saupoudrez soixante fois le cadavre,
Et certainement, ISHTAR se relèvera. »

Comme des serpents ailés, les élémentaires
    s'envolèrent.
Invisibles, vers le Portail de GANZIR, les élémentaires
    s'envolèrent.
Invisibles, ils passèrent au-delà du Guetteur du Portail
    sans être vus.
Invisibles, les élémentaires traversèrent les Sept
    Portails.
Invisibles, ils passèrent au-delà des Guetteurs sans
    être vus.
Avec hâte, ils entrèrent dans le Château des Ténèbres,
Dans le Château de la Mort, ils furent témoins
    d'effroyables visions,

Mais avec hâte, ils se déplacèrent,
Arrêtant seulement auprès du cadavre d'ISHTAR.
ISHTAR, la Magnifique Reine du Paradis.
ISHTAR, la Maîtresse des Dieux du Paradis.
ISHTAR, la Dame des Prêtresses d'UR.
ISHTAR, l'Étoile la Plus Brillante dans les Cieux.
ISHTAR, Chérie par ENKI,
Elle pendait sur la croix [pieu], saignant.

D'un millier de blessures critiques, ISHTAR pendait, saignant.
KURGARRU et KALATURRA approchèrent du corps d'ISHTAR.
ERESHKIGAL, percevant leur présence, hurla.
KURGARRU dirigea les Rayons de Feu vers la Reine de la Mort.
KALATURRA dirigea les Rayons de Feu vers la Reine de la Mort.
ERESHKIGAL, bien que puissante en CUTHA, se retira.
KURGARRU, sur le cadavre d'ISHTAR,
Saupoudra soixante fois la Nourriture de la Vie d'ENKI.
KALATURRA, sur le cadavre d'ISHTAR,
Saupoudra soixante fois l'Eau de la Vie d'ENKI.
Sur le cadavre d'ISHTAR, la Reine des Cieux,
KURGARRU et KALATURRA
Dirigèrent l'Esprit de la Vie d'ENKI.
ISHTAR se releva!
ISHTAR s'éleva du Sous-monde!

Les ANUNNAKI fuirent leurs trônes d'or,
Et les esprits de la Terre de Non-retour au sud,
Les esprits qui descendent paisiblement vers les Morts,

Lorsqu'ISHTAR s'éleva du Sous-monde,
Lorsqu'ISHTAR s'éleva sur les serpents ailés d'ENKI,
Lorsqu'ISHTAR s'éleva au travers des Portails de
    GANZIR et de NETI,
Les morts certainement se hâtèrent devant elle.

Lorsqu'ISHTAR s'éleva au-delà du Premier Portail,
La Reine du Paradis reprit ses Vêtements de Royauté
    ornés.
Lorsqu'ISHTAR s'éleva au-delà du Deuxième Portail,
La Reine du Paradis reprit son Plastron de Droiture
    orné.
Lorsqu'ISHTAR s'éleva au-delà du Troisième Portail,
La Reine du Paradis reprit son Anneau d'Or orné.
Lorsqu'ISHTAR s'éleva au-delà du Quatrième Portail,
La Reine du Paradis reprit ses Pierres Brillantes ornées.
Lorsqu'ISHTAR s'éleva au-delà du Cinquième Portail,
La Reine du Paradis reprit son Collier orné.
Lorsqu'ISHTAR s'éleva au-delà du Sixième Portail,
La Reine du Paradis reprit sa Baguette de Lapis-lazuli
    ornée.
Lorsqu'ISHTAR s'éleva au-delà du Septième Portail,
La Reine du Paradis reprit sa Couronne Étoilée d'ANU
    ornée.

Et les esprits des Morts s'élevèrent,
Et les esprits des Morts précédèrent ISHTAR à travers
    les Portails.
Et ERESHKIGAL fut méprisée.
La Reine Méprisée ERESHKIGAL prononça une
    puissante malédiction.
Contre la Reine des Cieux, ERESHKIGAL prononça sa
    malédiction.
Et NAMMTAR manifesta la malédiction.

« Quand DUMUZI [Tammuz], l'Amant d'ISHTAR
Tombera devant moi à travers GANZIR, le Portail de la
	Mort,
Quand les lamentations du peuple viendront avec lui,
Quand DUMUZI, l'Amant d'ISHTAR sera mort et
	enterré,
Que les Morts s'élèvent, et sentent l'encens! »

TRAVERSÉES DES FILS DU FEU

Les Choses Brillantes proviennent de la Terre du
	Crépuscule se Levant,
Entre la Terre de la Lumière et la Terre des Ténèbres,
Entre la Splendeur et la Mélancolie.
Ce sont les Terres au-delà du Seuil du Voile,
Et devant le Seuil du Voile se trouve la Terre des
	Vivants.

Le Chercheur embarque en bateau sur les Eaux de
	l'Illusion,
Guidé par deux êtres opposés qui font chavirer le
	navire.
Une jeune fille tente de tirer le Chercheur vers les
	profondeurs,
Et l'homme décrépit le tient fermement, voulant le
	garder à bord.
Le chercheur lutte contre lui.

Sur les rivages de la Lumière de Vérité,
La jeune fille se transforme en vieille, décrépite,
Et l'homme décrépit se transforme en beau jeune
	homme.

Comme un cadavre noyé le chercheur repose sur les
Sables de l'Ombre,
Contemplant le fait qu'il se soit battu contre l'homme
qui l'a sauvé.

Le Magnifique arrive et est assisté par des servantes,
Accompagné des compagnons du Chercheur pendant sa
vie Terrestre.
Ils se tiennent en tant qu'Accueil
Et l'Âme-Être qui désire l'étreinte.
Le Magnifique parle au-dessus du cadavre:
« Élève-toi et rejette les inégalités de ta mortalité. »

Le Chercheur s'élève,
Ouvrant puis couvrant ses yeux face au Magnifique.
Et les serviteurs du Magnifique pleurent le sang
(du Chercheur dans sa vie).

Le Chercheur dit:
« Je suis venu afin que les morts puissent vivre
Et que les aveugles puissent voir. »
L'Âme-Être dit:
« Je suis venu pour t'étreindre et te protéger. »

L'esprit du Chercheur est éveillé dans la Terre de
l'Immortalité.
Il s'illumine brillamment dans la Terre-au-Delà-de-
l'Horizon.
L'esprit du Chercheur est le Héros Ressuscité de
l'Horizon.
N'offenses pas en le croyant mort, car il ne pourra
jamais mourir,
Alors qu'il vit à jamais dans la Terre des Toujours
Vivants.

Tu ne dois pas pleurer pour le corps tombé du
> Chercheur,
Car tes pleurs et tes lamentations pour lui restreindront
> son esprit.
Il est maintenant venu le temps des adieux et de la
Fermeture du Portail.
Le défunt Chercheur s'est élevé vers la gloire, mais a
> laissé les vivants dans le chagrin,
Nous lui offrons nos services,
Qu'il parle en bien de nous lorsqu'il Arrivera.

Élève-toi et salue celui qui arrive vêtu uniquement de
> vêtements blancs et propres.
Il apporte la Couronne des Cieux,
Il apporte le Sceptre du Roi,
Il apporte le Bâton de la Droiture et la Pierre
> Inestimable.
Prends-les tous et deviens parfait.

Éternel, Entends les mots pénétrer les cieux avec la
> fumée de l'encens.
Ne permet à aucune ombre voûtée de hanter ou de
> diffamer l'esprit,
Protège le Portail Sombre, pour qu'aucune abomination
> ne s'y faufile.
Et ne permets à aucunes infâmes ténèbres de
> contaminer le corps par la maladie.
Tu ne peux apporter aucun mal, toi qui habites au-delà
> des Eaux de l'Ouest.

Selon les mots de l'Arrivée des Fils du Feu,
Ceux qui marchèrent
Et qui parlèrent avec les hommes de la Terre sont
> maintenant loin,

Vivant des vies de splendeurs dans Ceux qui Brillent Éternellement.
Ils se tiennent maintenant afin de peser les esprits des hommes à leurs morts,
Afin de les aider dans leurs voyages vers les entre-espaces [Paradis].

Le Chercheur se baigne dans le Lac de la Beauté,
Et bois dans la Fontaine de la Vie.
Il aperçoit les esprits du crépuscule
Qui sont purgés de leurs malices et leurs de luxures,
Et qui pourtant restent les captifs des Seigneurs du Destin.
Le Seigneur de la Vie dirige les aller et venus de leurs voyages,
Leur test et leur épreuve.

Voilà la connaissance du Chercheur
Qui est élevé des morts en tant que Ressuscité,
Et Arrivant il est le Nouveau Venu.
Voilà la connaissance du voyage vers le hors-piste de l'Entre-Espace,
Et la voie empruntée par ceux qui reposent dans
Les catacombes et dans les tombeaux.
Au moment du passage dans la Maison de la Clairière,
Le départ n'est pas retardé.

À l'endroit d'Attente, le Passeur vient
Et il n'y a aucun frais pour traverser.
Le Nouveau Venu attend, puis dit :
« Passeur, emmène-moi au Royaume des Bénis,
Puisque je suis purifié et nettoyé de toutes mes inégalités mortelles
Et suis anxieux d'arriver à ma destination. »

« Montre-moi ton jeton », dit le Passeur.
« Prouve que tu as passé les tests
Et aussi, une preuve de ta destination. »

« Mon jeton est la Lumière », répond le Nouveau Venu.
« Et tu trouveras mon nom écrit
Dans le Livre des Mystères Sacrés [de la Vie].
Emmène-moi sur les eaux
Que je puisse jouer dans les Champs de la Paix. »

Le Passeur est sceptique.

Le Nouveau Venu poursuit:
« J'ai passé les tests devant le Ciel et la Terre
Et il m'est permis d'Arriver.
Je revendique ce droit en vertu de mes actes sur Terre.
Je suis Celui qui Brille
Et les hommes sur Terre parlent de moi en bien en mon
      absence. »

« Enlève ta capuche », dit le Passeur.
« Afin que je puisse voir ta forme véritable. »

« Plus de retard », réplique le Nouveau Venu,
      Enlevant sa capuche.
« Nous devons partir rapidement pour voyager sur les
      eaux vers l'autre côté.
Ne me teste plus, Passeur. Mon signe et mon sceau sont
      devant moi.
Par les noms des dieux pour les hommes, je peux
      dissiper les glamours de l'illusion. »

Traversant les eaux, le Nouveau Venu devient le
      Pèlerin.

Le Pèlerin passe le Gardien Sombre, le Guetteur du Portail,
En dehors de l'Endroit de l'Union il attend, se tenant fermement debout.
« Guetteur du Portail », alarme le Pèlerin. « Laisse-moi passer. »
Après avoir pris le frais d'entrée,
Le Guetteur prononce le mot: « Passe. »

Arrivant, le Pèlerin se tient devant les Entrailles de la Création,
Comme une semence nouvellement plantée il est vêtu de la Robe de la Gloire.
Le Grand Portail est ouvert à l'Être Uni dans l'Est,
Le Portail vers l'Entre-Espace [l'Extérieur] menant à la Source de Tous les Dieux,
Le Créateur des Grands Mystères Éternels.

Le Pèlerin et l'Ombre passent à travers un Portail latéral vers les Ténèbres,
Où les Perdus des infâmes ténèbres restent,
Ceux qui ont servi le mal sur Terre.
Le test sera de ne pas s'arrêter et ainsi succomber aux cris des condamnés,
Et continuer vers les Champs de Paix,
Là où résident les Glorieux.

L'ARRIVÉE ET LA TRAVERSÉE EN KHERT-NETER

Gloire à toi, Taureau d'AMENTET [« Taureau du Paradis »],
THOTH, Le Roi-Intemporel est avec moi.

Je suis le grand dieu près du Bateau Céleste.
Je suis l'un des dieux, ces Chefs Divins,
Qui ont prouvé l'exactitude du discours d'OSIRIS[15]
Devant ses ennemis au Jour de la Pesé-du-Mot.
OSIRIS, je suis ton parent et j'ai combattu pour ta cause.
Je suis parmi les dieux qui sont les Enfants de la Déesse NUT,
Qui ont taillé en pièces les ennemis d'OSIRIS,
Et qui ont lié les Hordes Démoniaques de SEBAU en son nom.
HORUS, je suis ton parent et j'ai combattu pour ta cause.
Je suis THOTH, celui qui prouva l'exactitude des mots d'OSIRIS
Devant les ennemis d'OSIRIS, au Jour de la Pesé-du-Mot
Dans la grande Maison du Prince, qui habite en ANU.
Je suis TETI, conçu et né en TETU.
Je suis avec ceux qui pleurent OSIRIS en TAUI-REKHTI,
Prouvant l'exactitude des Mots Véritables d'OSIRIS devant ses ennemis.
RA ordonna à THOTH de prouver l'exactitude des Mots Véritables d'OSIRIS;
Ce qui fut ordonné pour OSIRIS, que cela soit fait pour moi par THOTH.
Je suis avec HORUS au Jour de l'Habillage de TESHTESH.
Je suis celui qui ouvre des Sources d'Eaux Cachées
Pour l'absolution d'URTAB.
Je suis celui qui ouvre le Portail vers le SHETAIT [sanctuaire] en RA-STAU.

---

15 OSIRIS – Littéralement, « Asar » ou « Étoile ».

En SEKHEM je suis avec HORUS protégeant l'épaule gauche d'OSIRIS.

Arrivant, je retourne à la Compagnie des Dieux-de-Feu (au)
Jour de la Destruction pour les Hordes Démoniaques de SEBAU en SEKHEM.
Je suis avec HORUS durant les festivals et les offrandes pour OSIRIS,
Spécialement le festival célébré le Sixième Jour [du mois (lune)],
Et au jour du festival de TENAT en ANU.

Je suis l'UAB [« prêtre »] en TETU; RERA,
Le Résident en PER-ASAR.
Je salue celui qui siège aux Hauts-Endroits du pays.
Je découvre les Secrets Cachés en RA-STAU.
J'entonne les Mots de Liturgie
Pour le festival du Dieu des Âmes en TETU.
Je suis le SEM [« prêtre »] qui exerce des obligations dans le Temple.
Je suis l'UR-KHER-HEB [« prêtre »] qui sert dans le Temple
Lorsque le HENU SEKHER [« vaisseau »] est parti dans son Voyage Divin.
Au Jour-de-Creusement je prends l'outil pour creuser dans la Terre de HENSU.

Gloire à toi qui Perfectionnes les Âmes
Afin qu'elles entrent dans la Maison d'OSIRIS.
Arrivant, que son Âme entre et soit avec toi
Dans la Maison d'OSIRIS.
Que son Âme entende comme tu entends;
Que son Âme voit comme tu vois;

Que son Âme se tienne comme tu te tiens;
Que son Âme prenne son siège comme tu prends
 ton siège;

Gloire à Celui qui Offre des Gâteaux et de la Bière aux
 Âmes Parfaites
Dans la Maison d'OSIRIS.
Que cette Âme soit nourrie chaque jour de gâteau et de
 bière (matin et soir),
Que cette Âme soit nourrie.
Celui qui prononce les Mots Véritables devant les
 dieux,
Qu'il soit nourri, celui qui prononce les Mots Véritables
Aux Seigneurs d'ABYDOS.

Gloire à toi qui Ouvres les Portails vers l'Autre-Monde
Et qui Perfectionnes les Âmes vers la Maison
 d'OSIRIS,
Ouvre les Portails vers l'Autre-Monde, pour lui [cette
 Âme]
Et agi tel un guide vers les Chemins de l'Âme de
 l'OSIRIS,
Chef-Scribe, OSIRIS,
Le Greffier-en-Chef de toutes les offrandes faites
 aux dieux.
Que cette Âme entre dans la Maison d'OSIRIS,
 franchement et avec audace,
Arrivant, Que cette Âme émerge en paix de la Maison
 d'OSIRIS.
Que son Âme ne rencontre aucune opposition
Et ne soit pas refusée ni renvoyée.
Que cette Âme entre dans les faveurs d'OSIRIS,
Arrivant, Que cette Âme atteigne la plénitude en
 acceptant les Mots Véritables.

Arrivant, Que les Mots Véritables soient exaltés dans la
    Maison d'OSIRIS,
Et que les Mots Véritables voyagent à tes côtés,
Et que cette Âme soit glorieuse comme tu l'es.
Que cette Âme ne se trouve pas hors de l'Équilibre.
Arrivant, Que l'Équilibre soit exalté en la matière dans
    la Maison d'OSIRIS.

Brillant avec éclat, j'Arrive.
Protège-moi du jugement du peuple.
Que mon Âme soit élevée devant OSIRIS,
Une Âme Parfaite, ayant été purifiée lorsqu'elle vécut
    sur Terre.
Que je vienne en ta présence, Seigneur des dieux;
Que je m'élève sur le siège de MAAT tel un dieu doté
    de vie;
Que je donne la Lumière,
Telle la Compagnie des Dieux qui réside au Paradis;
Arrivant, que je devienne comme l'un des vôtres;
Que je place mes pas dans la ville de KHER-AHA;
Que je place mon regard
Sur le mouvement du SEKTET [« vaisseau »]
    de SAAH,
Que je regarde les Seigneurs du TUAT[16]
Et ne soit pas dégoutté.
Que je sente et savoure la Nourriture Divine de la
Compagnie des Dieux;
Que je m'assoie et dîne avec la Compagnie des Dieux;
Que mon nom soit proclamé
Par les offrandes du KHER-HEB [« prêtre »];
Que j'entende les requêtes faites à l'Autel de Sacrifice;
Que ni mon Cœur-Âme ni son seigneur ne soit nié ou
    repoussé.

---

16 TUAT– « Terre des morts », également « Cutha » ou « Kutha ».

Gloire à toi OSIRIS, chef de l'AMENTET, qui réside
en NEFU-UR.
OSIRIS, que j'Arrive en paix en AMENTET.
Que les Seigneurs de TA-TCKESRT me reçoivent et
me disent:
« Salut à toi, salut et soit le bienvenu, bienvenu! »

Que les Seigneurs préparent un siège pour moi
À côté du Président des Chefs;
Que les Déesses Allaitantes me reçoivent en due saison,
Arrivant, que je sois le témoin de l'UN-NEFER, le
Mot Véritable.
Que j'Arrive en tant que Serviteur [prêtre] d'HORUS
en RA-STAU;
Que j'Arrive en tant que Serviteur [prêtre] d'OSIRIS
en TETU;
Et que je sois un participant dans toutes les
transformations que désire mon cœur
Et que j'apparaisse à tous les endroits
Où mon KA [« double »] désire être.

L'ARRIVÉE ET LA TRAVERSÉE À TRAVERS L'AMENTET

Gloire à vous, Seigneurs des KAU [« doubles »], qui
sont sans péché,
Et qui vivent dans les Âges du Temps sans fin qui
constituent l'Éternité.
Arrivant, je me suis ouvert un chemin vers vous.
Arrivant, je suis devenu un esprit en mes formes,
Je suis devenu le maître des mots du pouvoir magique
[Ur-hekau].
Délivrez-moi du Crocodile qui réside dans ce Pays

de Vérité.
Accordez à ma bouche qui prononce les mots, un discours Véritable
Et faites en sorte que des offrandes sanctifiées soient faites pour moi en votre présence,
Arrivant, je vous connais, et je connais vos noms,
Et je connais le nom du Puissant Dieu,
Celui qui se présente devant toi — TE-KHEM,
Il ouvre sa voie sur l'horizon oriental du Paradis,
Sa brillante radiance se déplace vers l'horizon occidental du Paradis,
Lorsqu'il se déplace, qu'il me porte avec lui,
Et que je trouve le sanctuaire, que le MESKHET[17] ne fasse pas une fin de moi,
Ne laisse pas les Hordes Démoniaques de SEBAU me maîtriser,
Que je ne sois pas refusé aux portes de l'Autre-monde [TUAT],
Que le Portail ne me soit pas fermé,
Les Gâteaux d'Offrande sont dans la ville de PE,
Et la Bière d'Offrande est dans la ville de TEP.
Dans les Maisons Célestes fabriquées par
TEM, mon Divin Père.
Que mes mains transportent le Blé et l'Orge de l'Offrande,
Ce qui me sera donné, à moi et abondamment,
Et que mon fils prépare la Nourriture de Mon Offrande.
Arrivant, accordez-moi des repas sanctifiés, de l'encens,
Et de telles choses en AMENTET
Et toutes les choses pures et magnifiques sur lesquels un dieu vit,

---

17 MESHKET – « Cuisse du taureau » ou « herminette d'acier » indiquant la forme de la constellation de la Grande Ourse.

Et toutes les transformations qu'il me plaît d'incarner,
Et accordez-moi le pouvoir de flotter et ainsi naviguer sur le courant
En SEKHET-ARU (Champ de Roseaux)
Et que j'atteigne SEKHET-HETEPET (Champ d'Offrandes)
Arrivant, je suis les Dieux-Lions jumeaux, SHU et TEFNUT.

LA TRAVERSÉE DE HU.MAN.TAR DANS LE SOUS-MONDE[18]

Quelque temps après le Grand Déluge survint le Sommeil de YADOL,
Et avec l'oubli, aucun homme ne s'est souvenu des moyens d'honorer YADOL,
Car cela était bien au-delà de leur compréhension.
Mais HU.MAN.TAR, fils de NIMROD
L'aimait tendrement et pour AN.CHT, il ne fut jamais oublié.
Quel sommeil magique est-ce cela, qui emmènerait YADOL loin de nous?
YADOL a-t-il pourri dans la poussière du néant,
Comme il semble visiblement?
Où est ce que YADOL vit toujours dans un étrange sommeil-rêve éternel?
HU.MAN.TAR passa de nombreuses heures
Aux pieds de NINTURSU – Le Sage,
Et s'est pourtant vu donner un regard vide et des oreilles sourdes de la part de ses compagnons.
Il fut contraint de voir la peur de la certitude de la mort.

---

18 Adapté des textes *Kolbrin*.

Arrivant, comme nombreux le firent avant lui,
Il décida de pénétrer le Portail des Morts.

Il prit audience auprès de la Reine, DAY-DEE.
« Grande Reine, toi qui es exaltée au-dessus de
   toutes autres,
Grande Dame des Batailles,
Qui étend sa puissance sur les guerriers de la justice,
Me tenant ici sous ton ombre je suis tel un chat parmi
   les oiseaux,
Je suis un sanglier sauvage dans un troupeau docile.
Je vais ainsi ouvrir mes ailes et m'envoler,
Et aller vers une terre lointaine afin de communiquer
avec mon Dieu.
Je chercherais à entrer au travers du Portail des Morts.
Incertain est mon cœur, consommé par la tristesse est
mon cœur,
Mon esprit est agité. J'avance afin de découvrir si mon
compagnon
Vit toujours dans la Terre des Ombres. »

La Reine, DAY-DEE répondit :
« Pourquoi dois-tu partir pour communiquer avec ton
Dieu?
Est-il si petit qu'il ne peut se trouver que dans un seul
endroit reculé? »

HU.MAN.TAR répliqua à la Reine:
« Ce n'est pas à cause de petitesses que je suis en quête
   de mon Dieu,
Mais pour la grandeur.
Une dame de la maisonnée peut aller chez le couturier
Mais c'est le couturier qui va vers la Reine. »

Les gens à l'assemblée de la maisonnée royale
    murmurèrent,
Mais la Reine DAY-DEE ne leur prêta pas attention.
Elle dit alors:
« Peut-être cette Source de tous les Dieux existe-t-elle.
Ou peut-être pas.
Qui sauf toi possède même ces savoirs?
Et il est plus probable qu'un Grand Dieu tel que lui
Soit vénéré par des dieux plutôt que par des hommes,
    n'est-il pas?
Et il est plus probable que les «dieux inférieurs», créés
    sous ce Dieu,
Soient les intermédiaires entre Dieu et les hommes,
N'est-il pas?
Car lorsqu'un homme de la maisonnée cherche mon
    palais pour y trouver justice,
Est-ce moi qu'il approche ou un officier subalterne
    sous moi?
Chacun de nous, monsieur,
Croyons qu'il existe une SOURCE-DE-TOUT au-
    dessus de tous les dieux,
Mais nous avons appris que cet être est si grand
Qu'il est bien au-delà de l'approche de simples humains
    mortels.
Je suppose que, sur ce point seulement, nous sommes
    en opposition, toi et moi. »

Sur ce,
HU.MAN.TAR s'en alla de la cour royale de la Reine
    DAY-DEE.
Agité, il prépara le voyage pour quitter les terres de
    la Reine.
Le jeune AN.CTH.I l'accompagna dans son voyage.
Ils suivirent le Chemin-du-Chariot-Doré

Vers la terre de MAGAN.
Dans la Demeure de FFORMANA, « aux Bras-Forts »,
   Ils s'abritèrent.

FFORMANA demanda à HU.MAN.TAR le but de
   ses voyages.
À cela, HU.MAN.TAR répondit :
« Je suis à la recherche du Temple de AM.AR.TIT
Caché sur une montagne juste au-delà de la rivière de
   cette forêt.
J'y trouverais un Portail, dont je détiens la Clé. »
À cela, FFORMANA répondit :
« Mais personne ne peut traverser ce chemin et revenir.
Cela je sais être vrai et pourtant je n'avais jamais
   entendu parler d'une Clé. »
HU.MAN.TAR sortit la Grande Clé,
Et elle avait la forme de l'Épée [Herminette]
De la Cuisse du Taureau [UR-HEKAU].

HU.MAN.TAR quitta FFORMANA pour aller dans un
   endroit de solitude afin de prier.
Lorsque HU.MAN.TAR alla dans la Demeure de
   FFORMANA,
Il se sentit renouvelé,
Mais FFORMANA tenta de le dissuader de continuer
   sa quête.
À cela, HU.MAN.TAR répliqua:
« Je ne peux pas changer d'avis sur cette affaire.
Bien que le voyage puisse être sur une route inconnue,
Et peut-être as-tu raison lorsque tu affirmes qu'elle est
   une route sans retour.
J'avancerais pour combattre dans la bataille,
Car je ne ressens pas la Terreur du Portail,

Ni les terreurs dont je puis être témoin dans le Royaume
 d'AHKAMEN. »
Réfléchissant un moment, FFORMANA dit:
« Alors j'irais avec toi à travers la forêt. »

Il y eut protestation, mais AN.CHT.I accepta de rester à
 la demeure.
HU.MAN.TAR et FFORMANA partirent en suivant la
 rivière.
AN.CHT.I resta en arrière
Afin de protéger les filles de FFORMANA.
HU.MAN.TAR et FFORMANA arrivèrent à la lisière
 de la forêt
Et furent attaqués par des félins sauvages, mais ils
 triomphèrent des bêtes.
Dans la forêt, ils virent de grands arbres qu'ils n'avaient
 jamais vus auparavant.
Ils voyagèrent sans dormir,
Craignant les choses dangereuses qui rôdaient dans
 les bois.
Seulement quand ils atteignirent le pied de la montagne,
 ils dormirent.

Le lendemain matin, ils escaladèrent la montagne.
Ils trouvèrent ensuite une caverne:
Le Portail des Morts.
HU.MAN.TAR partit.
FFORMANA resta sur la clairière, juste avant l'entrée
 de la caverne.
HU.MAN.TAR partit à la recherche du Gardien
 du Portail.
Il aperçut alors une vieille femme assise sur une pierre,
 et il dit:

« Je suis l'Illuminé qui arrive afin d'entrer dans le
Royaume de la Mort,
Le Seuil de l'Autre-Monde,
Le Portail du Voile. »

Avant que HU.MAN.TAR fut permis d'entrée,
La femme lui posa trois questions,
Auxquelles tous ceux désirant s'élever sur les sphères
Doivent connaître les réponses.
Il s'enfonça dans les sombres passages de la caverne.
Il s'approcha du Gardien du Portail,
Et le Portail attendit la Terreur-au-Portail.
Prenant son épée, HU.MAN.TAR leur fit face avec
      précautions.
L'utilisation de la Clé emplit l'air d'une telle clameur
Que personne ne put regarder.
Lorsque le bruit cessa,
Le Gardien et la Terreur avaient disparu.
Plus loin dans la caverne pourrait être aperçue la
      promesse de la lumière du jour.

Il émergea de l'autre côté de la montagne depuis la
      caverne,
Et il faisait jour dans le Royaume d'AHKAMEN.
HU.MAN.TAR n'aperçut aucun Gardien aux sept
      Portails verrouillés.
Une voix en provenance de nulle part le testa avec
      sept questions.
Alors qu'il répondit à chacune d'entre elles, un verrou
      se détacha et un Portail s'ouvrit.
Dans la cour, HU.MAN.TAR se fit attaquer par quatre
      grandes bêtes,
Êtres s'étant nourri des cadavres des hommes.
Arrivant, il traversa la Hall des Concours,

Là où les entités du bien et du mal
Se battent dans le combat éternel pour l'âme des
  hommes.
De la Hall des Concours, il entra dans la Chambre de
  la Mort.
Il s'assit sur la Pierre de MALIKAM, et attendit.

Par la volonté d'AHKAMEN,
HU.MAN.TAR eut l'autorisation d'Arriver,
Il entra dans l'endroit du Portail des Sphères.
Cela, HU.MAN.TAR l'ouvrit avec la Grande Clé et
  passa.
HU.MAN.TAR entra dans le Royaume des Morts.
Sans la Grande Clé il n'y aurait aucun retour possible
  de cet endroit.
Une fumée brumeuse épaisse émergea, s'accumulant
  autour de lui.
Puis se tint là un être, radieux comme le soleil, aimant
  comme la lueur de la lune.
Une voix s'éleva demandant pourquoi s'était-il
  approché
Du Royaume de la Mort.
À cela HU.MAN.TAR répliqua:
« De magnifiques visions devant moi, mon cœur
  s'alourdit,
Car pour pouvoir entrer ici j'ai combattu dans des
  épreuves des plus inhumaines.
Malgré cela, j'arrive maintenant à la recherche de
  mon ami,
Mon compagnon de chasse, une loyale connaissance de
  mon passé. »

La merveilleuse forme répondit, disant:
« Celui que tu cherches repose maintenant au-delà de

la Rivière de la Mort.
Puisque tu es arrivé et que tu as passé les Gardiens
 du Portail,
Tu as la permission d'aller là-bas.
Tu dois toutefois savoir qu'au milieu de la Rivière de
 la Mort,
Il y pousse l'Arbre Interdit duquel tu ne peux pas te
 nourrir.
Pars maintenant, puis reviens par ici. »

HU.MAN.TAR traversa la Rivière de la Mort,
Sur la Terre de l'Attente, il alla, à l'endroit où tous les
 esprits brillent.
Il arriva à travers le Grand Portail,
Et il émergea dans l'Endroit de Gloire, la Terre de la
 Vie Éternelle.
Ses yeux tombèrent sur ceux de YADOL,
Il découvrit son ami, son compagnon de chasse de
 confiance.
YADOL parla longuement à HU.MAN.TAR.
Ils parlèrent des choses que les hommes ont oubliées et
 des vérités inconnues.

À une certaine époque,
Les humains avaient la permission de traverser d'une
 sphère à l'autre,
Mais le Voile-Entre-les-Monde fut épaissi,
Et maintenant les hommes doivent traverser les
 sombres portails afin
D'Arriver sur les sphères,
Et alors que plus de temps s'écoule, cette option ne sera
 plus ouverte aux hommes.
De ces choses et d'autres les hommes parlèrent.

HU.MAN.TAR décida éventuellement de revenir.
Il traversa à nouveau la Rivière de la Mort,
Protégé par les pouvoirs de la Grande Clé.
Chemin faisant, il passa le magnifique Être Illuminé,
Chemin faisant, il passa la cour et les sept Portails
    verrouillés,
Et chemin faisant, il traversa
Et il sortit de la bouche de la sombre caverne.

FFORMANA l'attendait toujours à l'entrée de la
    caverne,
Et il se leva afin d'accueillir HU.MAN.TAR disant:
« Je t'ai vu avec les morts, couché tel un cadavre rigide.
J'ai craint pour ta vie que tu ne sois pas capable de
    revenir.
Mais maintenant, je vois que tu es revenu brillant,
    éclatant et renouvelé.
Partons maintenant de cet endroit,
Car je suis épuisé de la longue veille. »

De la caverne et de la montagne, ils partirent.
Ils traversèrent puis sortirent de la forêt.
Ils furent attaqués par plusieurs choses qu'ils
    combattirent.
Arrivant des portes et des Portails à plusieurs facettes,
Ils revinrent dans la campagne sereine de
    FFORMANA.

L'OUVERTURE DE LA BOUCHE [Égyptien]

Je m'élève, émergeant de l'Œuf dans la Terre Cachée.
Oui, que ma bouche me soit donnée afin que je
    puisse parler,

En la présence du Grand Dieu qui est vrai,
Le Seigneur du TUAT, le Mot de Vérité.
Que je ne sois pas rejeté par la présence du
	TCHATCHAU,
Les Chefs qui sont au-dessus de n'importe quel dieu.

Oui, je suis OSIRIS, le Seigneur de RA-SATU.
Oui, moi, l'OSIRIS, le Scribe dont le Mot est « Vérité »
	[MAAT]
À mon siège avec celui qui repose au sommet de
	la pyramide.
Oui, je suis Arrivé de l'Île de NESERSERT,
Et j'ai éteint là le feu inextinguible.

Gloire à toi, Seigneur de la Lumière, le Gardien
	du Temple,
Le Prince de la Nuit qui apparaît dans les ténèbres
	abyssales.
Oui, je suis Arrivé à toi éclatant, brillant et pur.
Mes mains sont serrées contre les tiennes,
Souviens-toi du Pacte de tes ancêtres.
Donne-moi la bouche qui est mienne afin que je
	puisse parler.
Guide mon cœur vers sa saison adéquate.
Puis-je être telle une flamme [« étoile »?] dans la nuit.

Oui, le dieu PTAH [ENKI] ouvrira ma bouche,
Et le dieu local de ma ville enlèvera le bâillon de
	ma bouche.

Alors THOTH apparaîtra, celui qui est habile avec
	les Mots,
Et il dénouera les nœuds que SET plaça sur ma bouche.
Et TEM retournera le bâillon

Et les nœuds à ceux qu'ils appartiennent.

Alors le dieu SHU ouvrira ma bouche,
Et fera une ouverture dans ma bouche,
Avec la même herminette de fer, l'UR-HEKAU
Utilisée pour ouvrir la bouche des dieux.

Je suis maintenant assis avec la déesse SEKHMET
Et suis traité comme étant l'un des dieux.
Je suis maintenant la déesse SEKHMET,
Je siège chez moi aux côtés d'AMTUR [Vent
    du Paradis]
Et maintenant je suis la Déesse-Étoilée SAAH,
Elle qui établit sa résidence parmi les Âmes d'ANU.
Maintenant donc, concernant tous les sortilèges,
Et tous les mots qui ont été ou qui seront élevé
    contre moi,
Chaque dieu de la Compagnie Divine
Se placera immédiatement à l'encontre.

TABLETTE F
LIVRE DES CINQUANTE NOMS DE MARDUK

Voici le Livre des cinquante noms de MARDUK, le jeune ANUNNAKI qui fut élevé en tant que Seigneur Suprême de la Terre par les Anciens Mardukites babyloniens et par les suivants de MARDUK et de NABU dans les Terres Noires du Nil en tant qu'AMON-RA (et OSIRIS).

Ici se trouve la conclusion du Livre de la némésis, dans lequel les Dieux ANUNNAKI accordent à MARDUK le rang de Cinquante, le Seigneur de l'Ordre sur Terre, selon la septième et dernière tablette de la version babylonienne de l'*Enuma Elis,* « L'Épopée de la Création ». La septième tablette est parfois appelée la « tablette secrète », forgée par les Prêtres afin de maintenir le grand secret de notre tradition, le secret des « noms de Dieu » usurpés par MARDUK.

Le Livre de MARDUK, ou la Tablette des Cinquante Noms, a par le passé été utilisé avec succès par plusieurs pratiquants, se trouvant même en tant que matériel central de commercialisations plus récentes du *Necronomicon*. Le texte révèle les noms cérémoniels et les fonctions prisent par le Seigneur MARDUK lors de son ascension de la hiérarchie ANUNNAKI dans les régions égypto-babyloniennes observant la tradition mardukite.

Bien que cette tradition soit souvent incomprise comme étant un système polythéiste, MARDUK tenta d'unifier la divinité ANUNNAKI de notre royaume sous la seule bannière de son propre nom. Pour se faire, il assuma les noms, fonctions et pouvoirs des autres Anciens Dieux afin d'assurer l'établissement de son règne divin sur Terre durant son éon (l'Âge du Bélier) [la seconde phase consista à retourner toutes dévotions religieuses au vrai « Dieu », la « Source » qui existe à l'extérieur de « notre » royaume d'existence.]

Le texte débute:

... proclamons maintenant les Cinquante Noms!

LA TABLETTE DES CINQUANTE NOMS

Le Premier Nom est MARDUK-DUGGA-ANU,
Fils du Soleil, Seigneur des Seigneurs, Maître des
    Magiciens,
Il est le Plus Radieux parmi les Dieux.

Le Deuxième Nom est MARDUKKA,
    Créateur ANUNNAKI,
Connaisseur des Secrets de MARDUK,
Le Temps, l'Espace et la Création [Géométrie de
    l'Univers].

Le Troisième Nom ARRA-MARUTUKKU,
Maître des Protections et du Portail des GRANDS
    ANCIENS
Tributaire des éloges du peuple en tant que Protecteur
    de la Cité.
Il possède l'Étoile-ARRA.

Le Quatrième Nom est BARASHAKUSHU-BAALDURU,
Ouvrier des Miracles, au grand cœur et doté d'une forte compassion.

Le Cinquième Nom est LUGGAL-DIMMERANKI(A) — BANUTUKKU,
Commandant des Démons du Vent,
La Voix du Métatron Entendue par les Dieux.

Le Sixième Nom est NARI-LUGGAL-DIMMERANKI(A) — BAN-RABISHU,
Guetteur des Portes Stellaires des IGIGI et des ANUNNAKI,
Et qui est nommé le
Moniteur des Dieux dans leurs fonctions.
Gardien des Portails entre les Mondes.

Le Septième Nom est ASARU-LUDU-BAN-MASKIM,
Porteur de l'Épée Enflammée,
La Lumière des Dieux,
Appelé pour la sécurité et la protection du pratiquant.

Le Huitième Nom est NAMTILLAKU-BAN-UTUK-UKUT-UKKU,
Maître du Portail de la Mort et de la Nécromancie,
Est également capable de faire revivre les Dieux d'une seule prière.

Le Neuvième Nom est NAMRU-BAKA-KALAMU,
L'Être Lumineux qui est le Conseiller des Sciences,
Appelé afin d'augmenter les connaissances scientifiques du pratiquant.

Le Dixième Nom est ASARU-BAALPRIKU,
Créateur de grains et de plantes, qui ne connaît aucun désert.
Appelé afin d'augmenter la croissance végétale et la floraison.

L'Onzième Nom est ASARU-ALIM-BAR-MARATU,
Qui est vénéré pour sa sagesse dans la maison du conseil,
Celui qui est appelé pour la paix lorsque les dieux sont instables.
Appelé afin d'aider à communiquer avec les ANUNNAKI
Et pour dissiper les supercheries.

Le Douzième nom est ASARU-ALIM-NUNA-BANA-TATU,
Le Puissant, qui est la Lumière du Père des Dieux,
Et qui gère les décrets d'ANU, d'ENLIL et d'ENKI/EA.
Appelé afin d'aider à la mise en vigueur de la loi sur Terre.

Le Treizième Nom est NABU-TUTU,
Celui qui les créa à nouveau,
Et si leurs désirs sont purs, ils seront exaucés.
Appelé pour révéler la gnose cachée au pratiquant.

Le Quatorzième Nom est ZI-UKKINA-GIBIL-ANU,
La vie de l'Assemblée des Dieux
Qui établit un endroit brillant pour les Dieux dans les cieux.
Appelé pour révéler les secrets de l'astrologie et des sphères célestes.

Le Quinzième Nom est ZI-AZAG-KI-KU-IGIGI-MAGAN-PA,
Porteur de Purification, Dieu de la Brise Favorable,
Porteur de Richesses et d'Abondance pour le peuple.

Le Seizième Nom est AGAKU-AZAG-MASH-GARZANNA,
Seigneur de la Pure Incantation,
Le Miséricordieux,
Celui dont le nom est sur la bouche de la Race Créée.
Appelé pour faire vivre des élémentaires et des esprits protecteurs.

Le Dix-septième Nom est TUTU-MU-AZAG-MASH-SHAMMASHTI,
Connait l'Incantation servant à détruire tout mal.
Appelé dans le Rite Ma(k)qlu pour dissiper la sorcellerie malveillante.

Le Dix-huitième Nom est SAHG-ZU-MASH-SHANANNA,
Fondateur de l'Assemblée des Dieux, dont il connaît les cœurs,
Et dont le nom est proclamé parmi les IGIGI.
Appelé afin d'aider le développement psychique du pratiquant.

Le Dix-neuvième Nom est ZI-SI-MASH-INANNA,
Réconcilie les ennemis, et met un terme à la colère.
Porteur de paix.

Le Vingtième Nom est SUH-RIM-MASH-SHA-NERGAL,

Destructeur des malicieux adversaires, celui qui embrouille leurs plans.
Peut-être envoyé pour détruire les ennemis du pratiquant.

Le Vingt-et-unième Nom est SUH-KUR-RIM-MASH-SHADAR,
Qui confond les malicieux adversaires dans leurs maisons.
Peut-être envoyé pour détruire les ennemis cachés du pratiquant.

Le Vingt-deuxième Nom est ZA-RIM-MASH-SHAG-ARANNU,
Seigneur des Éclairs,
Un guerrier parmi les guerriers.
Peut s'élever contre des armées d'hommes en entier.

Le Vingt-troisième Nom est ZAH-KUR-RIM-MASH-TI-SHADDU,
Destructeur de l'Ennemi dans la bataille,
Qui tue d'une façon anormale.

Le Vingt-quatrième Nom est ENBILULU-MASH-SHA-NEBU,
Connaît les secrets de l'eau et l'endroit des pâturages secrets,
Appelé pour apprendre les secrets des puits et de l'irrigation.

Le Vingt-cinquième Nom est EPADUN-E-YUNGINA-KANPA,
Seigneur de l'Irrigation,
Répands de l'eau dans les cieux et sur Terre.

Comme le précédent, en plus des secrets de la Géométrie Sacrée.

Le Vingt-sixième Nom est ENBI-LULU-GUGAL-
    AGGA,
Seigneur de la croissance et des cultures,
Qui élève le grain jusqu'à maturité,
Certains ont dit qu'il est un des visages d'ENKI.

Le Vingt-septième Nom est HEGAL-BURDISHU,
Maître de l'agriculture et des récoltes abondantes.
Qui procure la nourriture au peuple.
Peut aussi être appelé afin d'améliorer la fécondité
    personnelle.

Le Vingt-huitième Nom est SIRSIR-APIRI-KUBAB-
    ADAZU-ZU-KANPA,
La domination de TIAMAT par le pouvoir du Filet.
Appelé pour la maîtrise du Serpent et du Kundalini.

Le Vingt-neuvième Nom est MAL-AHK-BACH-
    ACHA-DUGGA,
Seigneur de la bravoure et du courage,
Chevaucheur de l'Ancien Ver.
Appelé pour le courage, la bravoure et la confiance
    en soi.

Le Trentième Nom est GIL-AGGA-BAAL,
Fournisseur de la semence qui donne la vie,
Époux amoureux d'INANNA-ISHTAR.
Appelé par les femmes désirant une grossesse.

Le Trente-et-unième Nom est GILMA-AKKA-BAAL,
Le Puissant et Divin Architecte des temples.

Possède des secrets concernant la Géométrie de
 l'Univers.

Le Trente-deuxième Nom est AGILMA-MASH-SHAY-
 E-GURRA,
Créateur des Nuages de Pluie et nourricier des champs
 de la Terre.
Appelé en temps de sécheresse.

Le Trente-troisième Nom est ZULUM-MU-ABBA-
 BAAL,
Donneur d'excellents conseils
Et du pouvoir dans toutes les affaires,
Également Destructeur du malveillant adversaire,
Maintient la bonté et l'ordre.

Le Trente-quatrième Nom est MUMMU,
Créateur de l'Univers à partir de la chair de TIAMAT.
Gardien des Quatre Tours de Garde vers l'Extérieur.

Le Trente-cinquième Nom est ZU-MU-IL-MAR-AN-
 DARA-BAAL,
Les cieux ne connaissent pas d'égal en ce qui concerne
 la force et la vitalité.
Appelé afin d'aider dans des rites de guérison.

Le Trente-sixième Nom est AGISKUL-AGNI-BAAL-
 LUGAL-ABDUBAR,
Qui scella les GRANDS ANCIENS dans l'abîme.
Appelé par les pieusement justes pour la force et la
 vigueur.

Le Trente-septième Nom est PAGALGUENNA-
 ARRA-BA-BAAL,

Qui possède une Intelligence Infinie,
Prééminent parmi les Dieux.
Offre la sagesse dans les oracles et les divinations.

Le Trente-huitième Nom est LUGAL-DURMAH-
 ARATA-AGAR-BAAL,
Roi des Dieux,
Seigneur des Régents [Durmah].
Aide le pratiquant à développer tous les pouvoirs
 mystiques.

Le Trente-neuvième Nom est ARRA-ADU-NUNA-
 ARAMAN-GI,
Conseiller d'ENKI/EA,
Qui créa les Dieux, ses pères,
Et dont les voies princières aucun dieu ne peut égaler.
Appelé durant l'initiation (solitaire) afin d'aider à
 traverser les Portails.

Le Quarantième Nom est DUL-AZAG-DUMU-DUKU-
 ARATA-GIGI,
Possède le savoir secret et la baguette de Lapis Lazuli.
Peut révéler au pratiquant des merveilles inédites
 du cosmos.

Le Quarante-et-unième Nom est LUGAL-ABBA-
 BAAL-DIKU,
Le plus vieux des Anciens Dieux
Et pure est sa vie parmi eux.
Aide le pratiquant à atteindre « l'honnêteté-en-soi ».

Le Quarante-deuxième Nom est LUGALDUL-
 AZAGA-ZI-KUR
Connaît les secrets des esprits du vent et des étoiles

Offre au pratiquant les secrets pour contrôler les esprits.

Le Quarante-troisième Nom est IR-KINGU-BAR-E-RIMU,
Tenant la capture de KINGU,
Suprême est sa puissance,
Gardien des Droits du Sang (de Naissance).

Le Quarante-quatrième Nom est KI-EN-MA-EN-GAIGAI,
Juge suprême des ANUNNAKI,
Au nom duquel les dieux tremblent.
À appeler quand aucun autre esprit ne viendra.

Le Quarante-cinquième Nom est E-ZIS-KUR-NENIGEGAI,
Connaît la longévité de toutes choses,
Et est celui qui fixa la vie de la Race Créée à 120 ans.

Le Quarante-sixième Nom est GIBIL-GIRRA-BAAL-AGNI-TARRA
Seigneur du feu sacré
Et de la forge, créateur de l'Épée.
Possède également le secret des « passions enflammées ».

Le Quarante-septième Nom est ADDU-KAKO-DAMMU,
Élève les tempêtes qui recouvrent les cieux du Paradis.

Le Quarante-huitième Nom est ASH-ARRU-BAX-TAN-DABAL,
Gardien du temps,
Des secrets du passé et du futur.

Peut être appelé pour aider lors de divinations.

Le Quarante-neuvième Nom est l'ÉTOILE, que
    NIBIRU soit son nom,
Celui qui s'est forcé un chemin au travers de TIAMAT,
Qu'il tienne entre ses mains l'ALPHA et l'OMÉGA.
Appelé pour discerner la Destinée de l'Univers.

Le Cinquantième Nom est CINQUANTE et NINNU-
    AM-GASHDIG,
Le Juge des Juges, Celui qui détermine les lois du
    Royaume.
Le Patron des Rois Dragons de la Terre.

L'APOCRYPHE DE LA TABLETTE DE MARDUK

Le Quarante-neuvième Nom est l'ÉTOILE,
Ce qui brille dans les cieux.
Qu'il tienne entre ses mains l'ALPHA et l'OMÉGA,
Et que tous lui rendent hommage,
Disant, « Celui qui s'est forcé un chemin au travers
    de TIAMAT,
Sans relâche, que NIBIRU soit son nom,[19]
Le Saisisseur des Traversées
Qui fait s'arrêter sur leurs voies les étoiles du paradis.
Il arrive comme un berger vers les dieux qui sont
comme un troupeau.
Dans le futur de l'humanité, lors de la Fin des Jours,
Que cela soit entendu sans cesse; que cela perdure à
    jamais!

---

19 NIBIRU – ou « *Nebiru* » dans certaine traductions, littéralement « Traversées ».

Puisque MARDUK créa le royaume du paradis
Et façonna la terre ferme,
Il est à jamais le Seigneur de ce Monde. »

ENLIL écouta, ENKI entendit et se réjouit.
Tous les Esprits du Paradis attendirent.
ENLIL donna à MARDUK son nom et titre BEL.
ENKI donna à MARDUK son nom et titre EA et dit:
« Le lien de tous mes décrets, que MARDUK en prenne
    maintenant le contrôle.
Chacun de mes ordres, il fera connaître. »

Le Cinquantième Nom est CINQUANTE et NINNU-
    AM-GASHDIG,
Le Juge des Juges, Celui qui détermine les lois du
    Royaume.
Par le nom « Cinquante », les ANUNNAKI
    proclamèrent alors
Les Cinquante Noms de MARDUK.
Les ANUNNAKI élevèrent sa voie vers la
    proéminence.

Que tous se souviennent des Cinquante Noms de
    MARDUK
Et que les meneurs les proclament;
Que les sages se rassemblent afin de les contempler
    ensemble,
Que les pères les répètent et les apprennent à leurs fils;
Qu'ils soient dans l'oreille du prêtre et du berger.
Que tous les hommes se réjouissent en MARDUK, le
    Seigneur des Dieux.
Afin qu'il puisse rendre le territoire, sa Terre, prospère,
Et qu'il soit lui-même heureux et prospère!
Son mot tient et son ordre est inchangé;

Aucun énoncé provenant de sa bouche ne passe
    inaperçu.
Son regard est celui de la colère et il ne tourne le dos à
    personne;
Aucun dieu ne peut soutenir son courroux.
Et pourtant, grand est son cœur, et large sa compassion;
Les pécheurs et les malfaiteurs pleurent pour eux-
    mêmes en sa présence
Et prient pour sa miséricorde.

TABLETTE G
LE LIVRE DES GÉNÉRATIONS ET LA NAISSANCE DE L'HOMME

Voici le Livre des Générations, qui concerne l'ancienne et véritable histoire de la Création de l'Homme. Selon les plus anciennes sources existantes sur la planète, les ANUNNAKI, en particulier ENKI et MARDUK, assistés d'une « déesse-de-naissance » [l'archétype de la déesse « mère »] ont allégé le labeur des IGIGI [Guetteurs] en fabriquant une race d'esclaves travailleurs pour les champs et les mines. Les vestiges de ces savoirs se sont répandus dans les controverses modernes concernant les races et les lignées, mais de telles tendances emportent le Chercheur encore plus à l'écart de la vérité. Cette magie religieuse est tenue pour acquise par différentes classes du supposé « Nouvel-Âge », de l'adolescent gothique naïf à la vedette rock maçonne ayant vendu son âme.

Le savoir de ces anciennes tablettes révèle un point clé dans la Création de l'Homme, comme quoi aucun des ANUNNAKI, ENKI, MARDUK, ENLIL ou même ANU n'a nécessairement été perçu par les ANUNNAKI et les IGIGI eux-mêmes comme étant « Dieu » ou « des dieux » dans le sens que les historiens contemporains ont interprété — incorrectement — les mythologies mondiales. Des « choses » existent en dehors des dimensions habitées par ces êtres, et pourtant l'Ancien Monde s'accorde sur la croyance que ces émissaires ou intermédiaires en particulier sont ceux responsables non seulement de l'existence des humains, mais aussi de la querelle à propos de notre « entretien » durant le Déluge.

ENLIL, qui est vénéré en tant que « Jéhovah » dans les territoires enlilites (les « Terres Saintes » bibliques) est en fait mécontent depuis le début de la création des humains ainsi que de toute rédemption de la race après le Déluge. C'est ENKI qui apparaît comme étant le « dieu sauveur » des hommes; la notion risible du monothéisme olympien attribue toujours les qualités positives à un seul « Dieu » avec un sous-produit attribué à un « Diable ». En conséquence, ce qui fut en fait au départ une discorde au sein d'une « famille sacrée » fut canalisé dans la pensée moderne en tant que « Bien » contre le « Mal ».

LA CRÉATION ET DESTRUCTION DE L'HOMME (ADAMU, ADAPA ET ATRA-ASIS)

À la veille de la Grande Rébellion des IGIGI
    [Guetteurs],
EA-ENKI était prêt à parler,
Et EA-ENKI dit aux ANUNNAKI, ses frères:
« Que pouvons-nous vraiment dire à propos de leurs
    revendications?
Leur labeur forcé a été lourd et leur misère est grande.
Chaque jour, les jeunes dieux [IGIGI] travaillent
    sans cesse.
Et le tollé est devenu fort, nous pouvons tous entendre
    leur clameur.
Il existe une autre possibilité:
La création d'un Travailleur Primitif [LULU AMELU].

NIN-HAR-SAG [MAMMI],
La sage-femme des ANUNNAKI est présente.
Venez, demandons-lui de créer un humain, un homme, qui nous ressemble,
Et laissons-le supporter le fardeau sans fin.
Laissons-le supporter le labeur d'esclave.
Laissons les humains s'occuper des corvées des dieux. »

Ensemble, ils appelèrent et demandèrent à la déesse-de-naissance,
La sage-femme des ANUNNAKI, la sagace MAMMI :
« Seras-tu la déesse-de-naissance pour les créatures de l'humanité?
Si tu crées un être humain, afin qu'il puisse supporter le labeur des dieux,
Fait le supporter le travail et les tâches d'ENLIL [ENKI dans certaines versions],
Et que l'homme s'occupe des corvées des dieux. »

La Dame de la Vie [NINHARSAG/MAMMI appelée maintenant NINTI]
Répliqua à l'Assemblée des ANUNNAKI :
« Cette tâche n'est pas la mienne, elle est celle d'ENKI.
C'est ENKI qui ordonne la purification et les Eaux de la Vie,
Si ENKI me fournit l'argile, alors je ferai la création. »

ENKI écouta et prépara sa réplique
À l'assemblée des ANUNNAKI :
« Au premier, septième et quinzième jour du mois,
J'établirais le bain de la purification.
Premièrement, un dieu sera sacrifié et les autres seront nettoyés par le baptême.

Que NINTI mélange l'argile avec la chair et le sang [du
    dieu sacrifié].
Et que l'on entende le son des tambours pour le reste
    des temps.
Dans la chair du dieu qu'un esprit reste jusqu'à la Fin
    des Jours,
Et que cela soit connu des dieux vivants par la marque
    du signe,
Sinon il lui sera permis d'être oublié,
Alors que l'esprit reste. »

De la grande Assemblée des ANUNNAKI
Fut unanimement entendu : « Oui! »

Aux premier, septième, et quinzième jours du mois,
ENKI établit le bain de purification.
Ils saignèrent le dieu AWMELU, devant l'Assemblée
    des ANUNNAKI.
NINTI mélangea l'argile avec la chair et le sang
    d'AWMELU.
Ce même dieu et l'homme furent minutieusement
    mélangés à l'argile,
À l'ADAMU ils voulurent accorder le visage des dieux.
Pour le reste de la période ils entendirent les battements
    du tambour.
Dans la chair du dieu, l'esprit resta jusqu'à la Fin
    des Jours.
Cela fut connu des dieux vivants par la marque
    du signe,
Sans laquelle il lui serait permis d'être oublié, alors
    l'esprit resta.
Et après avoir mélangé l'argile, elle appela
Les grands dieux ANUNNAKI et les IGIGI [Guetteurs]
Qui tour à tour « crachèrent » sur l'argile.

MAMMI [auparavant NINTU] parla devant les dieux:
« Vous m'avez donné une tâche et je l'ai complétée.
Vous avez sacrifié le dieu et son Étincelle Divine
Et j'ai fait disparaître votre dur labeur d'esclave,
Imposant les corvées des dieux sur l'homme.
Vous avez offert le trouble à l'humanité pour toute
    l'Éternité.
J'ai relâché le joug de vous et l'ai donné à ma création,
Restaurant ainsi la paix parmi les dieux. »

Lorsqu'ils entendirent prononcer ces mots,
Ils accoururent insouciants à ses côtés et embrassèrent
    ses pieds, disant:
« Auparavant nous t'avions donné le nom
MAMMI (Mère des Dieux)
Mais que ton nom soit maintenant la Maîtresse de tous
    les Dieux! »

Lorsque l'humanité arriva, elle ne connaissait rien de
    manger du pain,
Ne connaissait rien de se vêtir d'habits,
Les humains mangeaient des plantes avec les bêtes dans
    les champs
Et buvaient de l'eau dans des flaques utilisées par des
    animaux.
Ils étaient emplis d'intelligence, mais devinrent
    sauvages.
De nature hybride [mi-homme, mi-dieu], ils étaient
    incapables de se reproduire par eux-mêmes.
NINGISHZIDDA [MARDUK dans certaines versions]
    arriva sans hésiter,
Deux branches furent ajoutées à l'Arbre de Vie de
    l'Homme,
Le serpent tortueux y résidant,

Et un ADAMU parfait arriva.
Et l'ADAMU proliféra sur la Terre.
Pour sept cycles ils furent forcés à travailler en ABZU
Avant qu'ENKI ne crée la Lignée édaphique par
    ADAPA.

Prenant sur lui-même le rôle d'ANU,
ENKI procréa avec une femelle Terrienne,
Non pas avec DAMKINA, la déesse, mais avec une
    femelle Terrienne
ENKI provoqua la naissance d'un enfant : ADAPA.
ENKI lui donna une large oreille afin que lui soit
    accordée la sagesse.
Les secrets d'ANU, d'ENLIL et d'ENKI il donna à
    ADAPA.
Il lui donna la Tablette Divine
Mais ne lui accorda pas la vie éternelle.
ADAPA fut élevé à cette époque comme un homme
    sage à ERIDU.
ENKI le créa afin qu'il soit un chef parmi les hommes,
Le plus sage d'entre tous, aux ordres duquel personne
    ne peux s'opposer.

Très prudent,
Et sage du savoir des ANUNNAKI, il fut.
Sans blâmes, avec des mains n'ayant pas connus le
    labeur, un être oint,
Auquel furent montrés les secrets de l'huile et de l'eau,
Et les moyens d'observer les lois divines, cela fut
    montré à ADAPA.
Avec les boulangers d'ERIDU, il fit cuire du pain.
La nourriture et l'eau pour ERIDU, chaque jour, il aida
    à préparer,
Et avec ses mains pures, il prépara la table,

Et sans lui, la table n'était pas nettoyée.
Il fut enseigné à naviguer et à pêcher et à chasser pour
 ERIDU, il fit bien.
Assistant ENKI, serviteur du roi dans sa chambre sur
 le lit.
À la fin de chaque journée,
Il s'occupa des préparations pour la fermeture
 d'ERIDU.

À la pure nouvelle lune, ADAPA parti en voyage sur
 son navire.
Mais les vents soufflaient lorsque son navire quitta
 la rive.
Prenant les rames, il navigua son bateau sur la large
 mer
Et les ailes du Vent du Sud battaient l'air si violemment
Qu'il fut ramené à la maison d'ENKI, et dit:
« Vent du Sud, sur le chemin sur la mer tu fais battre
 tes ailes
Et je lancerais une malédiction sur tout
Ce qui encombrera mon voyage.
Tes ailes, je briserais. » Il prononça les mots.
Les ailes du Vent du Sud furent brisées,
Pendant sept jours, le Vent du Sud ne souffla pas sur
 la terre.

ANU appela son messager et lui demanda:
« Pourquoi le Vent du Sud n'a-t-il pas soufflé pendant
 sept jours? »
Son messager lui répondit: « Seigneur ANU,
ADAPA, le fils d'ENKI, a brisé les ailes du Vent
 du Sud. »
Lorsque ANU entendit ces mots, il cria: « Quoi? Quoi!
 Quoi? »

ANU s'éleva de son trône devant l'Assemblée des
    ANUNNAKI et dit:
« J'ordonne que quelqu'un l'apporte ici devant moi
    pour une inspection. »

ADAPA, plus intelligent que l'ADAMU, s'éveilla.
ADAPA, Roi de Tous les Hommes, ENKI sortit du
    sommeil.
ENKI était sage des voies du Paradis et de la Terre,
Et ENKI chercha à préparer ADAPA pour le voyage.
Avec des vêtements de deuil, ADAPA fut habillé.
Par la sagesse du Paradis, ENKI transmit le savoir à
    ADAPA:
« Mon fils, tu as reçu l'ordre de te présenter au Paradis
Afin de te tenir devant le visage d'ANU à l'Assemblée
    des ANUNNAKI.
Lorsque tu t'élèveras sur le plan tu approcheras le
    Portail d'ANU,
Le Portail d'ANU est gardé par DAMMUZ et
    NINGISHZIDDA.
Lorsqu'ils te verront, ils te demanderont: « qui es-tu et
    pourquoi es-tu là? »,
Ils te demanderont: « pourquoi portes-tu les vêtements
    de deuil? »,
À cela tu répondras que deux dieux
Ont disparu de ton pays,
Et lorsqu'ils te demanderont quels deux dieux de la
    terre ont disparu,
Donne-leur ces noms: DAMMUZ et NINGISHZIDDA.
Ils se regarderont entre eux, égarés et étonnés.
Ils parleront à ANU de ton arrivée
Et te montreront le chemin vers lui.
De la Nourriture de Mort ils te présenteront
À l'Assemblée des ANUNNAKI,

N'en mange pas, car manger avec les dieux signifie
    mourir.
De l'Eau de Mort ils te présenteront
À l'Assemblée des ANUNNAKI,
N'en bois pas, car boire avec les dieux signifie mourir.
Les vêtements qu'ils te présenteront, revêts-les.
L'huile qu'ils te présenteront, oins-toi d'elle.
Voilà les conseils que je t'offre,
Enfant d'ENKI. N'oublie rien. »

En peu de temps, le messager d'ANU vint à la Maison
    d'ENKI:
« ADAPA a brisé les ailes du Vent du Sud.
ANU ordonne qu'il soit apporté devant lui au Paradis. »
La route vers le Paradis fut montrée à ADAPA
Et au Paradis il fut élevé.
Lorsqu'il arriva au Paradis et qu'il approcha le Portail
    d'ANU,
Le Portail d'ANU était gardé
Par DAMMUZ et NINGISHZIDDA.
Lorsqu'ils aperçurent ADAPA approcher, ils crièrent:
« Qui es-tu t'approchant, monsieur? ADAPA?
Pour qui portes-tu les vêtements de deuil? »
Et ADAPA répondit:
« Dans mon pays, deux dieux ont disparu;
Je suis donc vêtu des vêtements de deuil. »
Et les Gardiens du Portail demandèrent:
« Qui sont les deux dieux qui ont disparu de sur tes
    terres? »
Et ADAPA répondit:
« DAMMUZ et NINGISHZIDDA, messires. »
Les Gardiens du Portail se regardèrent, égarés et
    étonnés.

Lorsqu'ADAPA fut emmené devant ANU
À l'Assemblé des ANUNNAKI.
ANU, Roi des Dieux, emmena ADAPA près de lui et
 demanda:
« Pourquoi as-tu brisé les ailes du Vent du Sud? »
Avec grâce et modestie, ADAPA répondit à ANU:
« Seigneur, j'ai quitté la Maison d'ENKI afin de
 voyager sur la mer avec mon navire.
J'ai voulu attraper des poissons dans la Mer-Qui-Brille-
 Comme-Un-Mirroir.
Mais le Vent du Sud souffla et renversa mon navire,
Je fus forcé de retourner à la Maison d'ENKI le cœur
 empli de colère. »
ANU écouta patiemment.
DAMMUZ et NINGISHZIDDA s'agitèrent
 anxieusement.
« Mais comment se fait-il qu'il fût en mesure de
 commander l'Eau et le Ciel?
Comment se fait-il qu'il fût en mesure de troubler notre
 travail?
Qui est cet Enfant-Homme d'ENKI? »
Ils murmurèrent entre eux.
ANU regarda ADAPA et resta silencieux.
L'Assemblée des ANUNNAKI se questionna, l'un
 et l'autre:
« Pourquoi ENKI a-t-il révélé les secrets du Paradis et
 de la Terre
Aux impurs travailleurs primitifs?
Quelle nouvelle race de cœur ENKI a-t-il créée en
 son sein?
Quelle nouvelle race d'esprit ENKI a-t-il entraînée?
Cette créature a-t-elle un nom? Ce n'est certainement
 pas l'ADAMU.
Que sommes-nous censés faire de lui? »

ANU demanda que la Nourriture de Vie soit apportée devant lui.
ANU demanda que l'Eau de Vie soit apportée devant lui.
La Nourriture de Vie fut apportée. ADAPA ne mangea pas.
L'Eau de Vie fut apportée. ADAPA ne but pas.
ANU regarda ADAPA et resta silencieux [en contemplation].
Les vêtements furent apportés. ADAPA s'habilla.
L'huile fut apportée. ADAPA s'oint.
ANU regarda ADAPA et l'invita:
« Viens maintenant, ADAPA, tu n'as rien mangé ni rien bu.
Nous t'avons offert la Nourriture de Vie et l'Eau de Vie
Lorsqu'à d'autres nous aurions offert un banquet de mort.
Si tu ne festoies pas avec nous, tu n'obtiendras pas la Vie Éternelle
Et tu ne seras pas un dieu, tu vivras une vie courte. »
ADAPA s'inclina devant le Roi des Dieux, ANU.
« Je ne souhaite pas déplaire à mon Roi,
C'est mon Seigneur ENKI qui m'a ordonné de ne rien manger ni boire. »
ANU sourit et ordonna qu'ADAPA soit remmené sur Terre.
ANU regarda ADAPA et resta silencieux [en contemplation].

Les Générations d'ADAPA sur Terre:
ADAPA et TITI [TIAMAT dans certaines versions] vinrent en premier.
KAIN et ABAEL furent la seconde génération.
MARDUK enseigna ABAEL à être berger.

NINURTA enseigna à KAIN l'agriculture.
KAIN tua ABAEL et fut exilé.
D'autres descendants d'ADAPA et de TITI proliférèrent avec le temps.
SATI et AZURA furent de la troisième génération.
ENSHI et NOAM furent de la quatrième génération.
KUNIN et MUALIT furent de la cinquième génération.
MALULU et DUNNA furent de la sixième génération.
IRID et BARAKA furent de la septième génération,
Qui engendrèrent ENKIME, mère de SARPANIT.

MARDUK prit la Femme Terrienne SARPANIT
    comme épouse.
MARDUK et SARPANIT engendrèrent NABU[20]
ENKI et ENLIL sourcillèrent.
« SARPANIT n'est pas une simple femelle », se
    défendit MARDUK.
« D'ADAPA qui est le fils d'ENKI
Sur Terre SARPANIT est la descendante. »
Les droits de royauté au Paradis
Seraient enlevés à MARDUK,
Car de prendre une Terrienne pour épouse, aux dieux
    était interdit.
De s'accoupler avec elles, ENKI et ENLIL en furent
    tous deux coupables avec le temps,
Et les prendre pour épouses, les IGIGI [Guetteurs] le
    voulurent aussi.

Les IGIGI regardèrent les Filles des Hommes
Et virent qu'elles étaient magnifiques.
Deux-cents IGIGI descendirent.[21]
ENLIL parla avec colère:

---

20 NABU – Traduit comme « *Nebo* » dans les traductions sémitiques.

« Allons-nous créer une nouvelle race de dieux afin de
 rivaliser avec nous?
Assez mal ce fut d'accorder au travailleur primitif
Les secrets divins,
Facilement avons-nous donné le cœur-du-paradis-et-de-
 la-terre à ADAPA.
Appelez Le Seigneur du Bon Arbre,
Qu'il accélère la pousse de l'Arbre de Vie dans
 l'homme,
Que les années de l'humanité soient fixées à cent-vingt,
Et qu'aucun d'entre eux ne partage le festin des dieux. »

La population humaine augmenta avec les générations,
Jusqu'au moment où leurs calamités dérangèrent les
 ANUNNAKI.
Les dieux du jour apprirent qu'une horrible catastrophe
 naturelle était en suspens,
Le Destructeur était arrivé
Et la perturbation sur Terre serait grande.
Les IGIGI et les ANUNNAKI décidèrent de laisser
 périr l'humanité sans l'avertir.
ENKI, qui donna son sang à une lignée d'hommes, ne
 put être si dur.
MARDUK, qui donna aussi son sang à une lignée
 d'hommes
Ne put être si dur.
Aux derniers descendants de leurs lignées, ils
 envoyèrent un rêve.
Dans l'esprit d'ATRA-ASIS, ENKI envoya un rêve en
 guise d'avertissement.

---

21 *Deux-cents* — listé comme étant 100 ou 300 dans certaines
 versions; aussi donné en pourcentages comme représentant les
 un tiers ou deux tiers des IGIGI, signifiant les « Guetteurs » ou
 les « anges ».

Dans l'esprit d'ATRA-ASIS,
MARDUK envoya des instructions spéciales.
À ATRA-ASIS, il révéla qu'ENLIL agit avec haine.
ENLIL,
Seigneur de l'Ordre, Dieu du Peuple, voulait leurs morts.

ATRA-ASIS reçut le rêve et pria ENKI:
« Seigneur, accorde-moi le discernement afin de comprendre le sens du rêve.
Donne-moi la connaissance
Afin que je sois préparé pour les conséquences. »
ENKI répondit au jeune serviteur:
« Alors que tu t'agenouilles dans ta chambre à coucher,
Écoute à ta fenêtre les mots.
Porte attention, car je ne peux pas te parler directement.
Comprends-tu?
Je parle au buisson de roseau hors de ta fenêtre,
Je parle au mur de ta demeure,
Mais je ne peux pas te parler de crainte d'inviter la colère au seuil de ma porte.
Par le Pacte des ANUNNAKI,
Je ne t'ai rien dit aujourd'hui. »

Et ENKI dit:
« Mur: écoute-moi. Buisson de roseau : porte attention.
Quitte ta maison dans la terre de ton père immédiatement et construis un bateau.
Abandonne toutes tes possessions matérielles afin de sauver ta vie.
Un tel bateau n'a jamais été construit sur Terre
Et il doit être solide.
Le plafond doit être comme la coque afin qu'il survive à un voyage « en dessous »,

Afin que le soleil ne puisse voir aucune des parties internes.
Le bateau que tu construiras devra faire deux-cents pieds de long,
Et la hauteur devra être divisée en sept afin qu'il y ait six ponts.
Lorsque les gens te demanderont pourquoi tu construis une telle chose:
Dis-leur que le Dieu des Hommes, ENLIL, les déteste tous,
ENLIL les a jugés indignes de vivre plus longtemps dans les villes,
Ou de marcher sur la surface de la Terre, qui est ordonnée par ENLIL,
Tu dois alors trouver refuge dans le Grand « Dessous »,
Pour survivre, tu iras dans le domaine de ton Seigneur ENKI,
Et moi, ENKI, te couvrira plus tard d'abondances. »

ENKI ouvrit la « clepsydre » [horloge] et la remplit.
ENKI plaça la « clepsydre » sur le bord de la fenêtre disant:
« Souviens-toi, je ne t'ai pas dit ces mots.
Dans sept jours, ton temps sera écoulé.
Le Déluge sera sur vous. Va! Hâte-toi! »
ATRA-ASIS reçut l'ordre d'ENKI,
Et il appela une Assemblée d'Aînés à son Portail.
ATRA-ASIS parla aux Aînés:
« Mes semblables, mon dieu n'est pas d'accord avec votre dieu,
ENKI et ENLIL sont constamment en discorde l'un envers l'autre.
Ils m'ont exclu de ces terres à cause de mon alignement avec ENKI.

Je ne peux plus vivre dans la ville parmi vous.
Et ne peux plus mettre le pied sur la Terre d'ENLIL.
J'irais vivre avec mon dieu ENKI dans le Grand
  « Dessous ».
Mon Seigneur ENKI m'a ordonné de venir le rejoindre
  dans sa demeure par bateau. »

Le bateau fut construit et un festin fut savouré,
Tous furent invités.
Sept jours passèrent pour la famille d'ATRA-ASIS.
MARDUK installa les tablettes,
Les tablettes furent apportées à bord.
ENKI installa la mémoire, la mémoire fut apportée
  à bord.
Le « Dieu-du-Bétail » apporta les créatures à bord.
ATRA-ASIS apporta sa famille à bord.

Beaucoup de célébrations il y eut dans les cœurs de sa
  famille,
Mais aucune paix et aucun repos il n'y eut pour
  ATRA-ASIS.
Alors que les autres mangeaient et jouaient, il se rendit
  au sommet de son navire et attendit.
Très peu de temps après, l'apparence du temps
  commença à changer.
ADAD, le « Dieu de la Tempête » s'agita dans les
  nuages.
ATRA-ASIS demanda immédiatement d'apporter
  goudron et poix afin de sceller la porte,
La corde de fixation fut coupée afin de relâcher le bateau,
Et lorsque la porte fut verrouillée,
La tempête s'était élevée dans le ciel.
Le Déluge fit rage, tel l'écrasant Taureau du Paradis
  [ENLIL.

TABLETTE K
LIVRE DE LA ROYAUTÉ ET DU
SANG DU DRAGON

Voici les anciennes tablettes décrivant les activités durant la culture de la civilisation sur la Planète Terre par les ANUNNAKI après leur arrivée « préhistorique » ainsi que le développement de la race humaine appelée ADAMU. Bien qu'ENLIL soit mentionné sur les anciennes tablettes sumériennes comme étant le « Commandant » des Dieux de l'Air (*Anunnaki*) sur Terre, c'est plutôt ENKI qui est désigné comme étant le « Seigneur des Terres » et, plus spécifiquement, des Grandes Profondeurs.

Les ANUNNAKI étaient présents sur la planète avant la création des humains, et c'est seulement lorsque les IGIGI [Guetteurs] (Dieux Mineurs) devinrent insubordonnés que la « nécessité » d'une autre manière de travailler la terre devint nécessaire. Alors que la population humaine continuait de croître, elle se fit attribuer des cités-États précises et devint domestiquée. Conservant un contrôle absolu, les ANUNNAKI enseignèrent et offrirent des ressources afin d'établir non seulement une norme de vie civilisée plus permanente (à l'opposé du nomadisme), mais d'établir également tous les aspects de la vie sociale humaine contemporaine qui sont pris pour acquis dans la société moderne, incluant (sans être limité à) la construction de routes, l'architecture permanente, l'éducation sociale, les forces de l'ordre, les mathématiques, l'écriture... la roue.

Le sang des rois est devenu un sujet de controverses, mais les détails concernant la souveraineté sur la planète Terre étaient très clairs dans l'Ancien Monde. Ils étaient si clairs qu'ENKI établit avec succès un « ordre mondial », qui était dirigé par un Empereur du Monde qui faisait partie d'une « lignée » familiale. L'idée implique que le règne de la « Royauté » est véritablement « descendu sur Terre à partir du Paradis ».

L'ORDRE MONDIAL D'ENKI

Seigneur ENKI, qui traverse noblement les Cieux et la Terre,
Père ENKI, autosuffisant, progéniture du Taureau du Paradis,
Estimé par ENLIL, KUR, et aimé par le saint ANU du Paradis,
Le Seigneur ENKI planta l'Arbre d'ABZU à ERIDU,
Son ombre s'étant sur les Cieux,
Son bosquet s'étant sur la Terre.

ENKI, Seigneur des ANUNNAKI, Le Costaud d'ANU et d'URAS,
NUDIMMUD, le Très Puissant de l'E.KUR.
ENKI lève ses yeux et observe là où le bison est né,
Et où le cerf est né, et où la chèvre est née,
Dans les prairies,
À l'endroit où personne n'ose aller, il pose son regard.

Aux ordres d'ENKI, le grain est récolté et entreposé.
Aux ordres d'ENKI, la moisson des terres est fructueuse.

Aux ordres d'ENKI, les chèvres dans les champs sont
    nombreuses.
Aux ordres d'ENKI, le berger est appelé pour travailler
    le champ.
Aux ordres d'ENKI, la femme est appelée
Pour baratter à ses côtés.

Les repas sont préparés par des travailleurs propres
Dans les salles à manger des Dieux.
Les seigneurs et les dirigeants sont ravis et viennent au
    festin avec joie.
ENKI, Seigneur de la Sagesse, Bien-aimé d'ANU,
Nom Suprême à ERIDU,
ENKI, qui dirige les ordres
Et les décisions des ANUNNAKI sur Terre,
Excepté au jour où le destin de l'humanité fut décidé
    durant le Déluge.

Tu as verrouillé le Portail durant la journée
Et as fait descendre les Étoiles.
Tu as calculé le Nombre Incalculable dans l'Univers,
Et tu as façonné la roue dans laquelle les mois entrent
    dans les maisons.
Tu as permis à l'humanité de vivre
Et lui as donné un endroit pour logis.
ENKI, tu as ordonné la veille sur ta création.

Père ENKI, marches sur la terre fertile, qu'elle porte
    des semences robustes.
NUDIMMUD, marches parmi le bétail, qu'il donne des
    naissances robustes.
ENKI, Seigneur d'ABZU,
Lorsque tu marches près du grain stocké dans les
    champs,

Célèbre ton offrande, car tel est ton droit divin,
Mon Père, qui est le dirigeant d'au-dessus et d'en
 dessous.

Et ENKI dit:
« Je suis la véritable progéniture
Qui est né du sauvage Taureau du Paradis.
Je suis le principal fils d'ANU qui fait rage sur le Grand
 En-Dessous.
Je suis le grand seigneur qui règne sur toutes les terres.
Je suis le premier dirigeant parmi les dirigeants et le
faiseur des rois sur Terre.

Je suis le père de toutes les terres
Et le frère aîné des Dieux ANUNNAKI,
Qui scelle les Portails d'au-dessus et d'en dessous.
Je suis rusé et sage sur les terres,
Celui qui dirige la justice aux côtés d'ANU.
Je suis celui que NINTU aime véritablement
Et à qui NINHURSAG donna un bon nom.
Je suis le fils principal d'ANU, Seigneur de tous les
 ANUNNAKI. »

Aux ordres d'ENKI les parterres pour les chèvres furent
 construits.
Les champs furent ensemencés
Et ENKI y répandit l'eau du HEGAL.
À l'endroit où les tiges furent empilées, un lieu saint
 fut érigé,
On lui donna un bon nom: « l'Endroit Pur ».
Un lieu saint fut érigé afin de décréter les destinées
 favorables en ABZU.

Les sortilèges sacrés et les litanies furent notés sur des tablettes en ABZU.
Les terres de MAGAN et de TILMUN [Dilmun] placèrent leurs yeux sur ENKI.
L'or et l'argent furent transportés à NIPPUR
Afin d'être inspectés par ENLIL.
Le grand œil d'ENKI balaie le terrain,
Surveillant et protégeant,
Le grand œil d'ENKI prédomine partout, au-dessus comme en dessous.

Gloire à toi ENKI, Seigneur d'au-dessus et d'en dessous,
Prisé par tous les prêtres à ERIDU et à SUMER,
Tel que vu dans les rites religieux d'ABZU.
Grands Dieux des ANUNNAKI, veillez sur les endroits sacrés,
Nettoyez la Maison par votre présence et purifiez les lieux saints.

Les ANUNNAKI ont pris leurs demeures en ton sein,
Et ils consomment la nourriture récoltée par ceux qui travaillent aux champs.
Dans la Grande Maison à SUMER, de nombreux parterres furent construits,
Et les vaches se multiplièrent, et les lieux saints furent élevés jusqu'aux Cieux.
ENKI, Seigneur de l'ABZU, décréta le destin du lieu saint d'UR.

ENKI traversa le TILMUN [Dilmun], le nettoyant et le purifiant.
Des lagons furent placés près des magnifiques lieux saints emplis de poissons.

Des palmiers furent plantés dans ces champs fertiles emplis de dattes.
Mais le pouvoir dévorant, ENLIL attaqua les murs, volant l'or
L'argent et le lapis, et l'emporta à NIPPUR.

L'attaque d'ENLIL se produisit
Alors que les yeux d'ENKI étaient posés ailleurs.
Plutôt posés sur l'Euphrate (rivière)
Il se tint là tel un taureau,
Et emplit les eaux de sa propre vie
Il fit de même avec le Tigre (rivière).
L'eau qu'il apporta coulait de vie et était douce comme du vin.
Les eaux nourrirent la vie des champs et le grain s'éleva pour être mangé.

Un autre lieu saint fut érigé, son intérieur tel un labyrinthe,
Avec une station inférieure construite afin de suivre la constellation d'IKU,
Et avec une station supérieure construite afin de suivre la constellation du Chariot.
Et les ANUNNAKI n'osaient pas aller près de cet endroit,
Excepté lorsqu'ils s'humiliaient en prières et supplications.

Afin d'établir la royauté, ENKI égoutta le sang du dragon sur les lieux saints,
Les lignées de la royauté sur Terre furent ainsi désignées à partir du Paradis,
Et il donna au roi une couronne étoilée,
Et au roi, il donna les ornements de lapis-lazuli,

Attachant à sa lignée le diadème de lapis-lazuli.

La bonne terre était somptueuse de florissantes végétations.
ENKI multiplia les troupeaux dans les champs et les pâturages,
Et les plaça en ces endroits leur permettant ainsi de s'accoupler.
L'éminente et puissante main d'ENLIL fut transmise,
À SUMUGAN, le roi de HURSAG fut mis en charge.

Les rois furent choisis et les frontières des royaumes furent choisies.
Les ANUNNAKI furent appelés et se furent donner leurs tâches.
De grandes villes furent érigées et remplies des Reines de la naissance.
À ces Reines ANUNNAKI, fut donnée la tâche de donner naissance aux rois.
Et c'est ainsi, par le décret d'ENKI,
Que le sang du dragon règne sur la Terre.

LA ROYAUTÉ SUR TERRE EN PROVENANCE DU PARADIS

Durant les Jours Anciens, les Dieux [ANUNNAKI] régnaient seulement au Paradis. Durant les Jours Anciens, il n'y avait personne pour régner sur la Terre. Ceci est le compte rendu [la chronique] de la Royauté au Paradis, et comment elle descendit sur Terre à partir d'ANU, le Roi du Paradis. Mais auparavant, dans les Jours

Anciens, ALULU[22] régnait au Paradis, et pour neuf sars il régna sur les cieux, mais il ne connut pas un bon règne. Puis au neuvième sar de son règne, ANU attaqua et battu ALULU.

ALULU descendit alors du Paradis et régna sur la Terre au teint sombre. La Royauté descendit du Paradis jusqu'à la Terre par le décret d'ANU. Pour cela, ANU combattit et vaincu ALULU une seconde fois. D'ANU et de son épouse ANTU naquirent ENKI et ENLIL. Le sort fut jeté afin de déterminer les règnes d'ANU, d'ENLIL et d'ENKI. De rester sur le trône au Paradis fut le destin d'ANU. D'assumer le Commandement des ANUNNAKI sur Terre fut le destin d'ENLIL. De se voir accorder le titre de Seigneur de l'ABZU et d'ERIDU fut le destin d'ENKI.

Les lignées humaines du sang du dragon se virent accorder le règne sur l'humanité. Au départ, avant le Déluge, la royauté était à ERIDU. ALULIM régna 8 sars (28000 ans) suivis d'ALAGAR qui régna 10 sars (36000 ans).

***

Puis la royauté de déplaça à BAD-TIBIRA.
EN.ME.EN.LU.AN.NA régna pendant 12 sars (43000 ans)
Suivis d'EN.ME.EN.GAL.AN.NA
Qui régna 8 sars (28000 ans) et
DUMUZI, Le Berger, pour 10 sars (36000 ans).

La royauté se déplaça à LARAK et

---

22 ALULU – Un nom translittéré comme ALALU dans d'autres tablettes concernant la « Royauté au Paradis » (interprété comme NIBIRU ou NEBIRU par certains).

EN.SIB.ZI.AN.NA régna pendant 8 sars (28000 ans),
Puis la royauté se déplaça à SHIPPAR [ZIMBIR] où
EN.ME.EN.DUR.AN.NA régna pendant 5 sars et 5 ners
    (21000 ans).
Puis la royauté se déplaça à SHURUPPAK
    [SHURUPPAG] où
UBARA.TUTU régna pendant 5 sars et 5 ners.

Puis le Grand Déluge balaya la Terre.
Le Déluge mit fin à la Royauté des Dieux
[ANUNNAKI] sur Terre.

Après le Déluge,
Le décret de Royauté descendit de nouveau du Paradis,
Et le règne des demi-dieux [IGIGI?] débuta avec
GA-UR [NGUSHUR] pour 1200 ans,
GULLA-NIDABA [KULLASSINA-BEL] pour
    960 ans,
NANGISHLISHMA pour 670 ans,
Et ENTARAHANA pour 420 ans,
BABUUM pour 360 ans et PUANNUM pour 840 ans,
GALIBUUM [KALIBUM] pour 960 ans,
KALUMUMU [KALUMUM] pour 840 ans,
KAGAGIIB [ZUKAKIP] pour 900 ans,
Et ABA [ATAB] pour 600 ans,
ATABBA [MASHDA] Fils d'ATAB pour 840 ans,
ARPIUM [ARWIUM] Fils de MASHDA pour 720 ans.

ETANA, Le Berger, monta vers les Cieux,
Et revint sur Terre afin de commencer sa dynastie.
Une fois de plus, la Royauté descendit des Cieux et
ETANA régna pour 1500 ans lorsque la Royauté se
    déplaça à URUK.

Ainsi se termina le règne des demi-dieux
Et débuta le règne des déités.

BALIIH, fils d'ETANA, régna pour 400 ans et
ENMENUNNA pour 660 et MELAMKISH pour 900 et
BARRAKNUNNA pour 1200 et MESZA pour 140 et
TIIZKAR pour 300 et ILKUU pour 1200 et
IITSADUUM pour 1200
et ENMEENBARAGISI pour 900.
La Dynastie d'URUK est marquée
Par le règne d'AGGA pour 625 ans,
Suivis de son fils MESHKIAGGASHER,
Descendant également d'UTU,
Mais après 325 ans de règne,
Il entra dans les Grandes Profondeurs et disparu.

Le fils de MESHKIAGGASHER fit d'URUK une
    place forte,
Son nom est ENMERKAR et il régna pour 420 ans.
LUGALBANDA régna 1200 ans et DUMUZI pour
    100 ans.
La dernière des déités terriennes célèbres est
    GILGA-MESH,
Dont le père fut un esprit et qui régna 126 ans.
Alors UR-NUNGAL prit le règne pour 130 ans,
Ce qui semble être la fin de l'âge des régents « à
    longue vie » à URUK, car
UTUL-KALAMA [UDUL-KALAMMA] régna
    seulement 15 ans et
LABASHER [LABASHUM] régna seulement 9 ans et
ENNUNADANNA [ENNUNTARAHANA] régna
    seulement 8 ans et
MESHHE [MESH-HEHE] « le forgeron » régna
    seulement 36 ans et
MELEMANA [MLAMANNA] régna seulement 6 ans,
    La première dynastie se terminant
Avec le règne de 36 ans de LUGALKIAGA
    [LUGAIKITUM].

À UR, la première dynastie descendit de
MESHANEPADA (80 ans),
MESHKIAGGA-NANNA (36 ans), ELULU (25 ans)
Et BALULU (36 ans).
À AWAN, il y régna Trois Rois [noms non mentionnés].
Lorsque la Royauté passa à la dynastie de KISH [26e
 siècle av. JC.],
La lignée fut continuée par SUSUDA (200 ans)
Et DADASIG (8 ans), MAMAGAL (360 ans),
KALBUM (195 ans), TUGE (360 ans),
MEN-NUNNA (180 ans), EN[B]I-ISHTAR (290 ans)
Et LUGALN[G]U (360 ans)
Puis la Royauté se déplaça à LAGASH:

UR-NANSHE (30 ans), AKURGAL (9 ans),
ENNATUM (30 ans),
ENANNATUM I (20 ans), ENTEMENA (22 ans),
ENANNATUM II (9 ans), ENENTARZI (5 ans),
LUGALANDA (5 ans) et URUINIMGINA (9 ans).
Pour une courte période, la dynastie de HAMAZI régna
Et fut réalisée par HADANISH pour 360 ans.

Et puis la Royauté retourna à URUK [UNUG],
Qui commença avec ENSHAGKUSHANNA (60 ans)
Et LUGALKINSHENDUDU [LUGALURE] (120 ans)
(un contemporain d'ENTEMENA qui régna en
 LAGASH),
Suivi par ARGANDEA (7 ans) avant d'être vaincu,

La Royauté se déplaça alors à UR [URIM],
Avec une dynastie commençant avec NANNA (120
 ans)
Suivi par son fils MESHKIAN[G]NANNA (48 ans)
Puis LUGALANEMUNDU (90 ans)
Apporta la lignée à ADAB.

Et alors ANBU engendra la dynastie de MARI [25ᵉ siècle av. JC].
La lignée continua avec ANBA (17 ans), BAZI (30 ans), ZIZI (20 ans),
LIMER « Le prêtre GUDUG » (30 ans)
Et finalement SHARRUMITER (9 ans)
Avant que la Dynastie de MARI soit vaincue
Et que la Royauté se déplace à KISH.

KUG-BAU [KUBABA] régna à KISH pour 100 ans
Avant que la Royauté à KISH ne soit contestée par la Dynastie d'AKSHAK
Mais resta à KISH
Après le règne d'UNZI (30 ans), UN[D]— ALULU (6 ans),
UR-UR (6 ans), PUZURNIRAH (20 ans), ISHUIL (24 ans)
Et SHU-SUEN(SIN) (7 ans).

La lignée de KUG-BAU [KUBABA] continua à KISH par
PUZU[R] — SUEN(SIN) (25 ans), UR-ZABABA (6 ans/400 ans?)
ZIMUDAR (30 ans), USI-WATAR (7 ans),
ESHTARMUTI (11 ans),
ISHMESHAMMASH (11 ans), SHU-ILISHU (15 ans)
Et NANNIYA (7 ans),

Et puis LUGALZA[GG]ESI régna à URUK pour 25 ans.
En ancienne AKKAD, SARGON fut le porteur de coupe
D'UR-ZABABA à KISH
Avant de devenir le Roi du Royaume
D'AGADE [AKKAD] (40 ans)
Et de vaincre LUGGALZA[GG]ESI à URUK,

Régnant ainsi sur SUMER,
Suivi par la descente de RIMUSH (9 ans),
MANISHTISHU (15 ans), NARAM-SUEN(SIN) (56
 ans) et SHARKALISH [SHAR-GANI] (25 ans).

Ensuite, en l'espace de trois ans, IRGIGI, IMI,
NANUM et ILULU régnèrent.
Puis le règne passa à DU-DU (21 ans),
SHUDUR-UL(KIB) (15 ans).
En Ancienne BABYLONE,
À SU[MU]— ABU (24 ans) fut donné la Royauté,
Suivi par SUMU-LA-ILU(EL) (36 ans), ZABU
 [SABUM] (15 ans),
ABIL-SIN [APIL-SUEN] (18 ans), SIN-MUBALIT (20
 ans) et HAMMURABI qui reçut le Livre de la
 Loi par MARDUK.

Le règne de GUTIUM fut en premier lieu dans
 le Chaos;
Ils divisèrent les terres parmi eux
Et devinrent chacun leur propre roi,
Et ainsi ils divisèrent les terres parmi eux
Et devinrent chacun leur propre roi, et donc leurs règnes
 fut courts:
INKISHUSH (6 ans) et ZARLAGAB [IRILLA-TAX]
 (6 ans),
SHULME [DUGME] (6 ans)
Et SILULUMESH [EAMAMESH] (6 ans),
INIMABAKESH [DUGGA] (5 ans)
Et IZIA-AUSH [ILU-AN] (6 ans),
YARLAGAB [IARLA-TAX] (3 ans) et IBATE (3 ans),
YARLA(NGAB) [IARLA-GESH] (3 ans)
Et KURUM [BASIUM] (1 an),
APILKIN [NIKIM] (3 ans) et LAERABUM [LA-
 SIRAB] (2 ans),

IRARUM (2 ans) et IBRANUM [DARRANUM] (1
 an), (K)HABLUM [KHAB-KALAMU] (2 ans)
Et PUZUR-SUEN(SIN) (7 ans),
YARLAGANA [IARLA GUDIA] (7 ans)
Et EN-RIDI-PUZUR (7 ans) et
Finalement TIRIGAN qui régna 40 jours
Avant d'être vaincu par UTUKHEGEL.

D'URUK à UR,
UR-NAMMU apporta la Royauté depuis NANNA :
UR-NAMMU [URUASH-ZIKUM] (18 ans)
Et URUK SHULGI (9 ans),
AMAR-SUEN(SIN) (9 ans) et SHU-SUEN(SIN) (9
 ans) et finalement IBBI-SUEN(SIN) (24 ans) le
 dernier grand roi d'UR.
ISHBI-ERRA(ASHURA), le général d'IBBI-
 SUEN(SIN),
Établit une nouvelle dynastie, celle d'ININ-LARSA
 [20ᵉ siècle av. JC.]
ISHBI-ERRA(ASHURA) (33 ans)
Et SHU-ILISHU [KATNINI] (10/20 ans),
IDDIN-DAGAN(DAKHU) (20 ans),
LIPIT-ISHTAR (11 ans)
Et UR-NINURTA, Fils d'ISHKUR (28 ans),
AMAR-SUEN II [BUR-SIN] (5 ans) et LIPIT-ENLIL
 (5 ans),
ERRA-IMITTI [ASURA-IWITI] (8 ans)
Et ENLIL(INSAKH) — BANI (24 ans),
ZAMBI(YA) (3 ans) et ITER-PISHA [TENIR-PISHA]
 (4 ans),
URDU-KUGA (4 ans) et SUEN-MAGIR [SIN-
 MAPISH] (11 ans)
Et DAMIQ-ILISHU régna 23 ans
Avant la montée des Empereurs.

La Dynastie des Empereurs KASSITE
Infiltra BABYLONE premièrement avec
GANDASH, suivi d'AGUM I, KASHTILIASH I,
   USHSHI, ABIRATTASH, KASHTILIASH II,
URZIGURUMASH, HARBASHIHU, TIPTAKZI,
   ATRA, GANDISH, AGUMKAKRIM,
KARA-INDAS, AGUM II (KAKRIME),
   BURNABURIASH I,
KASHTILIASH III, ULAMBURIASH, AGUM III,
   KARAINDASH,
KADASHMANHARBE, KURIGALZU I,
   KADASHMAN-ENLIL I,
BURNABURIASH II, KARA-HARDASH, NAZI-
   BUGASH,
KURIGALZU II, NAZI-MARUTTASH,
   KADASHMAN-TURGU,
KADASHMAN-ENLIL II, KUDUR-ENLIL,
   SHAGARAKTI-SHURIASH,
KASHTILIASH IV, ENLIL-NADIN-SHUMI,
KADASHMANHARBE II, ADDA-SHUMA-IDDINA,
   ADAD-SHUMA-USUR,
ASHUR-NIRARI III, MELISHIPAK II, MARDUK-
   APLA-IDDINA,
ZABABA-SHUMAIDDIN, ENLIL-NADIN-AHI,
Vaincu par l'Élamite SHUTRUK-NAHUNTE.

La lignée continua avec son fils, BURNA-BURYAS,
   puis
KURIGALZU I, KADASHMAN-BEL, BURNA-
   BURYAS II,
KARA-KHARDASH, et KADASHMAN-KHARBE
Avant l'arrivée de l'Empire assyrien,
Principalement SHALMANESER, TUKULTI-NINIB
Et ASSUR-NAZIRPAL.

Une BABYLONE réformée [12ᵉ siècle av. JC.]
Commença avec la Dynastie d'ISIN:
MARDUK-KABIT-AHESHU (9 ans),
ITTI-MARDUK-BALATU (15 ans),
NINURTA-NADIN-SHUMI (6 ans),
NABU-KUDURRI-USUR (23 ans),
(qui fut connu sous le nom de NABUCHAD-NEZZAR I, puis)
ENLIL-NADI-APLI (3 ans) et MARDUK-NADIN-AHHE (18 ans),
MARDUK-SHAPIK-ZERI (13 ans)
Et ADAD-APLA-IDDINA (23 ans),
MARDUK-AHHE-ERIBA (1 an) et MARDUK-ZERX (13 ans), NABU-SHUM-LIBUR (7 ans)
Et SIMBAR-SHIPAK (28 ans), EA-MUKIN-SHUMI (1 an) et KASHU-NADIN (4 ans),
EULMA-SHAKIN-SHUMI (16 ans),
NINURTA-KUDURI-ASUR (2 ans),
SHIRIQTI-SHUQAMUNU (1 an)
Et MAR-BITI-APLA-ASUR (6 ans),
NABU-MUKIN-APLI (36 ans)
Et NINURTA-KUDURRI-ASUR (1 an),
MAR-BITI-AHHE-IDDINA (23 ans)
Et SAMAS-MUDAMMIQ (20 ans),
NABU-SHUMA-UKIN (12 ans)
Et NABU-APLA-IDDINA (33 ans),
MARDUK-ZAKIR-SHUMI (36 ans),
MARDUK-BALASSU-IQBI (5 ans),
BABA-AHA-IDDINA (2 ans).

Puis cinq rois régnèrent en cinq ans, suivis de
NINURTA-APLAX (10 ans) et MARDUK-BEL-ZERI (10 ans), MARDUK-APLA-ASUR (12 ans) et
ERIBA-MARDUK (8 ans),

NABU-SHUMA-ISHKUR (12 ans) et NABUNASIR (14 ans),
NABU-NADIN-ZERI (2 ans) et NABU-SHUMA-UKIN II (1 an)
Avant l'émergence de la (10e) Dynastie, sous le règne de NABU-MUKIN-ZERI.

NABU-MUKIN-ZERI régna [8e siècle av. JC.] (2 ans) À BABYLONE
Puis TIGLATH-PILESAR III (2 ans) et SHALMANESSAR (5 ans),
MARDUK-APLA-IDDINA II (12 ans)
[appelé également le Merodach biblique?],
SARGON II [SHARRUKIN] (5 ans)
Et SENNA-CHERIB (2 ans),
MARDUK-ZAKIR-SHUMI II
Et MARDUK-APLA-IDDINA II partagèrent 1 année,
BEL-IBNI (2 ans) et ASHUR-NADIN-SHUMI (6 ans),
NERGAL— [M]USHEZIB (2 ans) et MUSHEZIB-MARDUK (4 ans),
Qui régnait lorsqu'ASSUR domina BABYLONE pour un temps.
ASSURBANIPAL régna 21 ans
Et SAMAS-SUMA-UKIN en fit de même,
KANDALANU aussi régna 21 ans et SIMSUMLISIR seulement 1 an.

Les 21 années du règne de NABU-APLA-ASSUR [NEBOPOLASSAR]
Emmena la nouvelle (néo) Dynastie [chaldéenne] à BABYLONE,
Suivirent NABU-KUDURRI-ASUR [NABUCHADNEZZAR II] (42 ans),
AMAL-MARDUK (2 ans) et NERGAL-SHAR-ASUR (4 ans), LABASHI-MARDUK (1 an)

Et NABUNAID(US) (17 ans),
Qui régnait lorsque CYRUS (9 ans)
Lança l'Empire perse à BABYLONE,

Puis CYBYSES [CYRUS] II (7 ans)
Et SMERDIS [BARDIYA] (1 an),
DARIUS I (de Perse) (35 ans) et XERXÈS I (de Perse)
 (20 ans), ARTAXERXÈS I (de Perse) (42 ans).
Et XERXÈS II (1 an), SOGDIANUS (2 ans), DARIUS
 II (18 ans)
Et ARTAXERXÈS II (45 ans),
ARTAXERXÈS III (20 ans) et ARTAXERXÈS IV
 (2 ans), DARIUS III (6 ans) qui régnait lorsque
BABYLONE fut prise par
ALEXANDRE « Le Grand » [330 av. JC.].

TABLETTE M.0
LIVRE DES EXORCISMES
ET DES BANNISSEMENTS MAKLU

Voici le Livre des Offrandes Brûlées, le Livre des Embrasements et des Exorcismes qui fut transmis par les Prêtres des Anciennes Voies alors qu'ENKI marchait sur Terre. Les tablettes MAKLU[23] sont une facette clé de l'Ancienne Tradition à Mystères babylonienne. En effet, le pratiquant découvrira qu'il existe des temps de guerre provenant d'au-delà de ce monde, lorsque les sorciers tordus lanceront leur magie par la grâce de leurs Dieux. En ces temps d'épreuves, le Prêtre honnête-en-soi ne sera pas laissé sans protection.

L'usage pratique d'un exorcisme afin de bannir les mauvais esprits est une forme de mysticisme très ancienne. La fonction spécifique des tablettes MAKLU est de cibler les mauvais esprits et les malfaiteurs (sorciers et sorcières) qui ont attaqué ou qui travaillent activement contre le pratiquant. Comme il est présumé que cet ennemi travail au sein d'un panthéon ANUNNAKI similaire, les prêtres et serviteurs de cette tradition étant les plus pieux n'ont qu'à en appeler aux mêmes autorités afin de balayer leur ennemi à sa source, pouvant résulter dans des cas extrêmes avec la mort de ce dernier, ou du moins avec la protection du pratiquant contre les attaques ultérieures.

---

23 MAKLU – Épellation utilisée dans le *Necronomicon* simonien, les autres textes savants translittèrent le mot comme MAQLU.

Bien que ce furent les Prêtres mardukites de Babylone qui observèrent ces opérations de plus près, les vestiges de la tablette MAKLU (aussi épelée « MAQLU ») apparaissent non seulement dans les pratiques sumériennes plus anciennes, mais également dans les textes cérémoniaux des Akkadiens, des Chaldéens, et même des tribus sémitiques plus récentes. Dans l'Ancien Monde, la menace d'esprits et de magie semblait être une affaire bien réelle.

Note de l'éditeur: Les incantations contenues dans cette série « M-zéro » sont basées sur des tablettes fragmentaires apparaissant dans des textes modernes faisant référence à la tradition magique mésopotamienne.

UNE INCANTATION CONTRE LES SEPT MASKIM

Ils sont sept! Ils sont sept!
Dans les profondeurs de l'océan, ils sont sept!
Dans les cieux brillants et rayonnants, ils sont sept!
Ils proviennent des profondeurs de l'océan
Et de la retraite cachée.
Ils ne sont ni mâle ni femelle,
Ceux qui s'étirent comme des chaînes,
Ils n'ont pas d'épouses,
Ils ne produisent pas d'enfants;
La bonté leur est étrangère.
Les ennemis! Les ennemis!
Ils sont sept! Ils sont sept! Deux fois, ils sont sept!
Esprit des Cieux, conjure et souviens-toi!
Esprit de la Terre, conjure et souviens-toi!

UNE INCANTATION CONTRE LES SEPT MASKIM

Ils ignorent les prières.
Ils se moquent des décrets.
Ils sont les vers qui émergent de la montagne
    de MA.SHU.
Ils sont les ennemis de Notre Père ENKI.
Ils sont la haine crachée par les Grands Anciens.
Ils sont la cause des difficultés parmi le peuple.
Ils obtiennent le pouvoir par des actes malicieux.
Les ennemis! Les ennemis! Les sept ennemis!
Ils sont sept! Ils sont sept! Ils sont sept fois sept!
Esprit du Ciel, souviens-toi!
Esprit de la Terre, conjure et souviens-toi!

UNE INCANTATION CONTRE LES SEPT MASKIM

Ils sont sept. Ils sont sept.
Dans la vallée de l'abîme, ils sont sept.
Dans les étoiles infinies des cieux, ils sont sept.
Dans l'abîme et dans les profondeurs, ils grandissent
    en puissance.
Ils ne sont pas mâles et ils ne sont pas femelles.
Ils assèchent l'humidité des vagues de la mer.
Ils n'aiment pas les femmes, ils ne produisent pas
    de progénitures.
Ils détestent l'ordre et la justice.
Ils n'entendent pas les requêtes ni les prières.
Ils ne se soucient pas des requêtes ni des prières.
Ils sont grands comme les « chevaux » des montagnes.
Ils sont sept. Ils sont sept.
Les mauvais esprits sont sept.

UN EXORCISME CONTRE L'ESPRIT DE POSSESSION

Le dieu malicieux,
Le démon malicieux,
Le démon du désert,
Le démon de la montagne,
Le démon de la mer,
Le démon du marécage,
Esprit des Cieux, conjure et souviens-toi.
Esprit de la Terre, conjure et souviens-toi.

UN EXORCISME CONTRE L'ESPRIT DE POSSESSION

L'esprit malicieux,
L'énorme larve,
Les vents mauvais,
Le démon qui s'empare du corps,
Le démon qui attaque le corps,
Esprit du Ciel, conjure et souviens-toi!
Esprit de la Terre, conjure et souviens-toi!
Le démon qui s'empare de l'homme,
Le démon qui attaque l'homme,
Le GIGIM qui fait le mal dans le monde,
L'engeance du démon malicieux,
Esprit du Ciel, conjure et souviens-toi!
Esprit de la Terre, conjure et souviens-toi!
Le malicieux qui forge des images malfaisantes,
Le malicieux qui prononce les sortilèges malfaisants,
L'ange malfaisant et les yeux malfaisants,
La bouche malfaisante et la langue malfaisante,

La lèvre malfaisante prononçant une sorcellerie des
　　　plus malfaisantes,
Que les démons malicieux s'en aillent!
Qu'ils se retournent l'un contre l'autre!
Qu'ils se nourrissent des ossements des autres!
Esprit du Ciel, conjure et souviens-toi!
Esprit de la Terre, conjure et souviens-toi!

UN EXORCISME CONTRE L'ESPRIT DE POSSESSION OU LE MAUVAIS ŒIL

Le sorcier qui forge l'image malfaisante,
La malicieuse sorcière qui enchante,
La face hargneuse et le mauvais œil,
La bouche malicieuse et la langue malicieuse,
Les lèvres malicieuses et les mots malicieux,
Esprit du Ciel, souviens-toi!
Esprit de la Terre, souviens-toi!
Ils sont les ennemis de Notre Père ENKI,
Ceux qui se sont révoltés et qui provoquent l'agitation
　　　chez les Dieux.
Ils répandent la terreur sur les grands chemins,
Et avancent avec un rugissement sifflant.
Ils sont mauvais. Ils sont mauvais.
Ils sont sept. Ils sont sept.
Et encore, ils sont deux fois sept.
Esprit du Ciel, souviens-toi d'eux!
Esprit de la Terre, souviens-toi d'eux! Conjure-les!
Conjure et contrains ces esprits du mal:
Esprit de RAMANU, Roi du Mot de Lumière, conjure!
Esprit de SAMAS [SHAMMASH/UTU], Roi de la
　　　Justice, conjure!
Esprit d'ANUNAS [ANU], Puissant Dieu, conjure!
Conjurez-les, les incantations de ces mauvais esprits.

UNE INCANTATION CONTRE LA MALADIE

Ô, malicieux démon de la peste maline,
L'Esprit de la Terre t'a fait quitter ce corps.
Que le génie favorable, le bon géant,
Le favorable kakodémon,
Vienne avec l'Esprit de la Terre.
Incantation du puissant, puissant, puissant Dieu,
    Conjure!

UNE AUTRE INCANTATION CONTRE LA MALADIE

Élève-toi! Élève-toi! Va-t'en! Va-t'en!
Sois honteux! Sois honteux! Fuis devant moi! Fuis!
Éloigne-toi, pars, élève-toi et va-t'en!
Que ta malice s'élève au paradis comme de la fumée!
Élève-toi et quitte mon [ce] corps!
De mon [ce] corps, va-t'en et sois honteux!
Enfuis-toi loin de mon [ce] corps. Enfuis-toi!
Éloigne-toi loin de mon [ce] corps. Va-t'en!
Va-t'en très loin de mon [ce] corps,
Et ne reviens pas en mon [ce] corps,
Et ne viens pas près de mon [ce] corps,
Et n'approche plus jamais de mon [ce] corps!
Je t'ordonne par SAMAS, le Puissant!
Je t'ordonne par ENKI, le Seigneur de la Vie!
Je t'ordonne par MARDUK, le Grand Dieu!
Je t'ordonne par le Dieu de Feu qui te consume!
Au nom du Destructeur, va-t'en!

UNE INCANTATION CONTRE LES GRANDS ANCIENS ET LEURS ADORATEURS

Ils sont la tempête destructrice et le vent malfaisant,
Un souffle malfaisant annonçant la tempête
    destructrice,
Un souffle malfaisant criant la tempête destructrice,
Ils sont de puissantes engeances, les Grands Anciens.
Ils annoncent la pestilence, les Grands Anciens.
Ils sont l'inondation destructrice se ruant sur les terres.

Sept dieux malfaisants, ils sont dans les vastes Cieux.
Sept dieux malfaisants, ils sont sur la vaste Terre.
Ils sont sept, les sept dieux de la nuit.
Ils sont sept dieux malfaisants, les sept démons
    malfaisants.
Ils sont sept au Paradis et sept sur Terre.

Bouilles! Bouilles! Brûle! Brûle! Brûle!

Qui es-tu qui m'attaque, le fils de qui?
Qui es-tu qui m'attaque, la fille de qui?
Quels sortilèges et sorcelleries t'ont amené ici?

Qu'ENKI, le Seigneur de la Vie, me libère et me
    protège!
Que MARDUK-ASHAR, Fils d'ENKI, me libère et
    me protège!
Qu'ANU, Dieu des Cieux, me libère et me protège!
Qu'ils dévient et annulent vos malicieux sortilèges!
Je vous enchaîne, vous lie et vous livre au Dieu de Feu,
GIRRA, Seigneur des Flammes, vous brûle et vous
    flétrit jusqu'en votre cœur!

Que les Esprits de GIRRA et de GIBIL m'accordent le
 pouvoir!

Les malicieux m'ont choisi pour être un cadavre.
Les malicieux m'ont livré aux morts.
Les malicieux ont envoyé des démons pour me hanter.
Les malicieux ont envoyé des démons pour me vider.
Les malicieux m'ont livré aux Esprits des Terres
 Désolées.
Les malicieux m'ont livré aux Esprits de la Ruine.
Les malicieux m'ont livré à l'Interdit.

Jamais plus ne prononcerez-vous les sortilèges
 malfaisants contre moi!
J'ai donné votre image à l'Esprit des Flammes.
J'ai donné votre image au Seigneur du Feu.

Brûle, toi qui es malfaisant et malicieux! Bouilles, toi le
 dieu malicieux et chaotique!
Que la combustion de GIRRA défasse les nœuds!
Que les feux de GIBIL défassent la sorcellerie!
Que le Pacte de la Combustion étouffe ta gorge!
Que le Pacte de la Combustion soit ma revanche!

Ce n'est pas moi, mais MARDUK, fils d'ENKI, qui
 t'ordonne!
Esprit du Ciel, conjure et souviens-toi!
Esprit de la Terre, conjure et souviens-toi!

UNE CONTRAINTE CONTRE LES ADORATEURS DES GRANDS ANCIENS

Je fais appel à vous, Dieux de la Nuit.
Avec vous, j'invoque la Maîtresse de la Nuit.
J'appelle le soir, à minuit et à la venue de l'aube,
Car ils m'ont enchanté.
Le sorcier et la sorcière m'ont lié.
Mon Dieu et ma Déesse pleurent sur moi.
Je suis tourmenté par la douleur de la maladie.
Je me tiens debout, car je ne peux pas me coucher
Ni durant la nuit ni durant le jour.
Ils ont rempli ma bouche de cordons!
Ils ont fermé ma bouche avec de l'herbe!
Ils ont rendu rare l'eau dont je m'abreuve.
Ma joie est le chagrin et ma gaieté est la douleur.
Éveillez-vous, Grands Dieux, et entendez ma plainte!
Obtenez justice, prenez note de mes manières et
      vengez-moi!
Je vous présente une image du sorcier et de la sorcière,
De mon enchanteur et mon enchanteresse.
Que les Trois Guetteurs de la Nuit dévient leurs
sorcelleries malfaisantes!
Que leurs bouches soient de cire et leurs langues soient
      de miel.
Et les mots de ma perte qu'ils ont prononcés,
Qu'ils fondent comme de la cire!
Le sortilège qu'ils firent, qu'il s'écoule comme du miel.
Le nœud est brisé et leur travail est détruit!
Tous leurs discours emplissent les déserts et les terres
      désolées en
Accord avec le Pacte établi par les Dieux de la Nuit.
Esprit du Ciel, conjure et souviens-toi!
Esprit de la Terre, conjure et souviens-toi!

TABLETTE N
LIVRE DE LA NÉMÉSIS ET L'ENUMA ELIS

Voici le Livre de la némésis, connu des Prêtres de l'Ancienne Babylone sous l'appellation d'*Enuma Elis*. Il contient le compte rendu qui apparaît sur les tablettes forgées par les scribes de NABU, lues autrefois par les Prêtres de Babylone. Elles forment un décret solidifiant la position du Tueur de Serpents — une fonction assumée par le Seigneur MARDUK, qui combat contre l'ancienne némésis des ANUNNAKI, connue comme étant le Premier Dragon, KUR TIAMAT (TI.A.MAT ou TI.AM.TU). Ces tablettes illustrent une interprétation de l'ancienne « bataille du Paradis », symbolisant la libération de l'ordre depuis le chaos et la construction de la réalité/univers manifeste ainsi que ses « zones ».

Il y a sept Tablettes de la Création, mais seulement six sont présentées ici — six étant un chiffre de MARDUK. La septième est la proclamation de l'Autorité de MARDUK et apparaît ailleurs dans le présent ouvrage en tant que « Tablette F »[24].

Les Tablettes de la Création étaient lues durant les opérations de traversée des étoiles (Initiation par les Portails), et lorsqu'une Porte Stellaire était ouverte, particulièrement au Printemps (Équinoxe), au festival pour MARDUK nommé A.KI.TI (« sur Terre, apporte la Vie »), lorsque le Soleil entre dans la constellation du Bélier chaque année, ainsi qu'à la veille de mai.

---

24 Tablette F ou le *Livre des cinquante noms*.

Le seigneur MARDUK est le chef parmi les plus jeunes des Anciens Dieux (ANUNNAKI). Sa position élevée dans l'*Enuma Elis*[25] babylonien (« Épopée de la Création ») est le produit des scribes de NABU démontrant MARDUK comme étant le Seigneur Suprême de la Terre (de la création matérielle) à cause de sa victoire sur KUR TIAMAT. L'Ancienne École à Mystères reconnaît ENKI comme tenant le rôle du Champion Suprême (tueur), et NINURTA dans les versions sumériennes antérieures de l'épopée. Il existe également des versions ou INANNA/ISHTAR obtient ce rôle.

Souvent détournée comme étant d'origine sumérienne, la suprématie de MARDUK prouve que la véritable origine de l'épopée est plutôt babylonienne, utilisée par la population afin d'élever le statut de leur dieu au-dessus de tous les ANUNNAKI.

Tablette I

Lorsqu'en haut les Cieux n'avaient pas été nommés,
Et la Terre n'avait pas été nommée, Et le primordial
ABSU, qui leur donna naissance, et le CHAOS,
    TIAMAT[26],
La Grande Ancienne, Mère d'eux tous.

Leurs eaux ne faisaient qu'Une,
Et aucun champ n'avait été formé, aucun marécage
    n'était en vue;
Lorsque aucun des dieux n'avait été appelé à être,

---

25 Le sujet de l'*Enuma Elis* est également exploré en profondeur dans l'anthologie *Necronomicon: The Anunnaki Grimoire*, éditée par Joshua Free.
26 TIAMAT – TI.AM.TU dans les précédentes éditions.

Et aucun ne portait de nom, et aucune destinée n'avait
    été décrétée;
Alors furent créés les dieux célestes au sein du paradis,
LAHMU et LAHAMU furent appelés à être
Et les Âges augmentèrent.

Puis ANSAR et KISAR furent créés,
Puis le dieu ANU arriva, qui engendra NUDIMMUD,
    ENKI.
Regorgeant de toutes sagesses, il n'avait aucun rival.
Et ainsi les Grands Dieux furent établis.
Mais alors TIAMAT et APSU furent confus,
Troublés et en désordre.
APSU n'avait pas diminué en puissance, et TIAMAT
    rugit.
APSU, le père des grands dieux,
Cria à MUMMU, son ministre,
Et dit: « Ô MUMMU,
Toi, ministre qui fait se réjouir mon esprit,
Viens avec moi auprès de TIAMAT. » Ils partirent ainsi
    et se consultèrent à propos d'un
Plan concernant les dieux, leurs fils.

APSU parla: « Laissez-moi détruire leurs voies, qu'il y
    ait des lamentations,
Et alors nous pourrons nous étendre à nouveau en
    paix. »
Lorsque TIAMAT entendit ces mots, elle ragea et cria.
Elle prononça une malédiction, et à APSU elle
    demanda: « Que ferons-nous alors? »

MUMMU répondit, portant conseil à APSU,
« Viens, leur voie est forte, mais tu peux la détruire;
En ce jour, tu connaîtras le repos, cette nuit tu
    t'étendras en paix. »

Ils se rassemblèrent
Et aux côtés de TIAMAT ils avancèrent;
Ils étaient furieux;
Ils inventèrent des méfaits, nuit et jour sans repos.
Ils se préparèrent à la bataille, fumants et rageants;
Ils joignirent leurs forces et fabriquèrent des armes
    invincibles;
Elle engendra des monstres-serpents,
Aux dents acérées, et aux crocs sans pitié;
Avec du poison, plutôt que du sang, elle emplit leurs
    corps.
De féroces monstres-vipères, elle les vêtit de terreur.
De splendeur, elle les vêtit, elle les fit de haute stature.
Quiconque les regardait était dominé par la terreur,
Leurs corps se cabrèrent et personne ne put soutenir
    leur attaque.
Elle créa des vipères et des dragons, et le monstre
    LAHAMU.
Et des ouragans, et des meutes rageantes, et des
    hommes-scorpions,
Et des puissantes, et des hommes-poissons, et des
    béliers;
Ils portaient des armes cruelles, sans crainte du combat.
Ses ordres étaient puissants, nul ne pouvait y résister;
De cette manière, elle créa onze types de monstres.

Parmi les dieux qui étaient ses fils,
Pour autant qu'il lui avait apporté du soutien,
Elle exalta KINGU; entre tous elle l'éleva en puissance.
Afin de marcher au-devant des forces, afin de mener
    l'ost,
Pour donner le signal de la bataille, pour contrôler la
    bataille,

Elle lui en donna la responsabilité, disant: « J'ai
 prononcé ton sortilège,
Dans l'assemblée des dieux je t'ai élevé en puissance.
Le dominion sur tous les dieux je t'ai confié.
Sois exalté, je te prends pour époux,
Que ton nom soit magnifié parmi les ANUNNAKI. »

Elle lui donna les Tablettes de la Destinée, sur sa
 poitrine elle les posa,
Disant: « Ton commandement ne sera pas vain,
Et tes décrets seront établis. »
Maintenant, KINGU, ainsi exalté, ayant reçu le pouvoir
 d'ANU,
Décréta le destin parmi les dieux ses fils,
Disant: « Que l'ouverture de ta bouche éteigne le Dieu-
 de-Feu;
Que celui qui est exalté dans la bataille démontre sa
 puissance! »

Tablette II

TIAMAT s'attarda à l'ouvrage,
Le mal elle apporta contre les dieux ses enfants.
Afin de venger APSU, TIAMAT planifia le mal,
Mais la manière dont elle rassembla ses forces,
Les dieux à EA [ENKI] le divulguèrent.
ENKI fut gravement affligé et triste, il s'assit.

Les jours passèrent, et sa colère fut apaisée,
Et à la demeure d'ANSAR son père il s'en alla.
Il alla et, se tenant devant ANSAR, son père,
Tout ce que TIAMAT avait comploté, il lui répéta,
Disant: « TIAMAT, notre mère a conçu de la haine
 envers nous,

De toutes ses forces, elle rage, pleine de colère.
Tous les dieux se sont tournés vers elle,
Avec ceux, ceux que tu créas, ils vont à ses côtés.

Ils se sont rassemblés et sont aux côtés de TIAMAT
Et ils avancent;
Ils sont furieux, ils inventent des méfaits nuit et jour
    sans repos.
Ils se préparent à la bataille, fumants et rageants;
Ils ont joint leurs forces et préparent la guerre.
TIAMAT[27], qui forma toutes choses,
Et créa des armes invincibles.

Elle engendra des monstres-serpents,
Aux dents acérées, et aux crocs sans pitié;
Avec du poison, plutôt que du sang, elle emplit leurs
    corps.
De féroces monstres-vipères, elle les vêtit de terreur.
De splendeur, elle les vêtit, elle les fit de haute stature.
Quiconque les regardait était dominé par la terreur,
Leurs corps se cabrèrent et personne ne put soutenir
    leur attaque.

Elle créa des vipères et des dragons, et le monstre
    LAHAMU.
Et des ouragans, et des meutes rageantes, et des
    hommes-scorpions,
Et des puissantes, et des hommes-poissons, et des
    béliers;
Ils portaient des armes cruelles, sans crainte du combat.
Ses ordres étaient puissants; nul ne pouvait y résister;
De cette façon, grands de stature,

---

27 TIAMAT – Ici, le dragon primordial est décrit de la même manière que ce que les magiciens gnostiques et hermétiques plus tardifs appellent : IALDABAOTH.

Elle créa onze types de monstres.
Parmi les dieux qui étaient ses fils,
Pour autant qu'il lui avait apporté du soutien,
Elle exalta KINGU; entre tous elle l'éleva en puissance.

Afin de marcher au-devant des forces, afin de mener
    l'ost,
Pour donner le signal de la bataille, pour contrôler la
    bataille,
Pour diriger la bataille, pour contrôler les combats,
Pour lui, elle prononça ton sortilège;
Elle lui donna les Tablettes de la Destinée,
Sur sa poitrine, elle les posa,
Disant: « Ton commandement ne sera pas vain,
Et ton mot sera établi. »
« Oh mon père, que le mot de tes lèvres ne soit pas
    supplanté,
Laisse-moi partir, afin que je puisse accomplir tout ce
    qui est en ton cœur.
Je vengerai. »

Tablette III

ANSAR parla à son ministre:
« Oh GAGA, toi mon ministre qui fait se réjouir mon
    esprit,
Vers LAHMU et LAHAMU je vais t'envoyer.
Prépares un festin, à un banquet, fait les s'asseoir,
Laisse les manger du pain, laisse les mélanger des vins,
Pour qu'à MARDUK, le vengeur, ils puissent décréter
    le destin.
Vas, GAGA, tiens-toi devant eux, et tout ce que je
    te dis,

Répète-le pour eux, et dis: ANSAR, ton fils, m'a
    envoyé,
L'intention en son cœur, il m'a fait connaître.

Il dit que TIAMAT, notre mère, a conçu de la haine
    envers nous,
De toutes ses forces, elle rage, pleine de colère.
Tous les dieux se sont tourné vers elle, avec ceux, ceux
    que tu créas,
Ils vont à ses côtés. J'ai envoyé ANU, mais il ne put
    lui résister;
NUDIMMUD [ENKI] fut effrayé et s'en alla.
Mais MARDUK décida, le champion des dieux,
    ton fils;
Son cœur l'appela à décider d'aller contre TIAMAT.
Il ouvrit sa bouche et me parla,
Disant: «Si moi, votre vengeur, Vainc TIAMAT et te
    donne la vie,
Arrange une assemblée, mènes mon destin à la
proéminence et proclame-le.
En UPSUKKINAKU, asseyez-vous joyeusement
    ensemble;
Avec ma parole en place je décréterais le destin.
Que quoi que ce soit que je fais reste inaltéré,
Que la parole de mes lèvres ne jamais être changée ni
    prononcée en vain.»
Décrète rapidement sur lui ce destin
Afin qu'il puisse partir et affronter ton puissant
    ennemi. »

GAGA parti humblement devant LAHMU et
LAHAMU, les dieux,
Ses pères, et il embrassa le sol à leurs pieds.
Il s'humilia;
Puis il se leva et leur parla disant:

« ANSAR, votre fils, m'a envoyé,
L'intention en son cœur, il m'a fait connaître.
Il dit que TIAMAT, notre mère, a conçu de la haine
    envers nous,
De toutes ses forces, elle rage, pleine de colère. »
Et il prononça les mots du conte.
LAHMU et LAHAMU entendirent et crièrent.
Tous les IGIGI hurlèrent amèrement, disant:
« Nous ne comprenons pas les actes de TIAMAT! »

Alors ils s'assemblèrent et partirent,
Les grands dieux, tous les ANUNNAKI qui décrètent
    le destin.
Ils entrèrent dans la Maison d'ANSAR, ils
    s'embrassèrent,
Ils préparèrent le festin, mangèrent du pain,
mélangèrent des vins de sésame.
Ils étaient pleinement à l'aise, leurs esprits étaient
    exaltés;
Puis pour MARDUK, leur vengeur, ils décrétèrent le
    destin.

Tablette IV

Les ANUNNAKI préparèrent une chambre seigneuriale
    pour MARDUK,
Devant ses pères, tel un prince, il prit place.
« Oh MARDUK, tu es maintenant le chef parmi les
    grands dieux,
Ton destin est inégalé, ta parole est ANU[28].
Tes paroles seront des ordres,
En ton pouvoir sera d'exalter et d'abaisser.

---

28 «...ta parole est ANU » — donné/attribué à ENLIL dans certaines versions.

Aucun parmi les dieux ne pourra transgresser tes frontières.
L'abondance existera dans tes sanctuaires sacrés,
Même s'il ne s'y trouve aucune offrande.
Ô MARDUK, tu es notre vengeur!
Nous t'accordons la souveraineté sur le monde entier.
Assieds-toi, puissant; soit exalté en tes ordres.
Ton arme ne perdra jamais en puissance; elle écrasera ton ennemi.
Seigneur, épargnez la vie de celui qui place sa confiance en vous,
Mais envers les dieux qui commencèrent la rébellion, videz-les de la vie. »

Les ANUNNAKI mirent un vêtement
Et continuèrent à parler à MARDUK.
« Que ton destin, ô, seigneur, soit suprême parmi les dieux,
Pour détruire ou pour créer; prononce seulement le mot,
Et tes ordres seront accomplis.
Ordonne maintenant que le vêtement disparaisse;
Et prononce le mot à nouveau afin que le vêtement réapparaisse! »
Et il prononça les mots, et le vêtement disparut;
Encore, il prononça les mots, et le vêtement réapparut.

Lorsque les dieux, ses pères, furent témoins de l'accomplissement de sa parole,
Ils se réjouirent, et lui rendirent hommage,
Disant: « Maerdechai! Maerdechai! MARDUK est roi! »
Ils lui donnèrent le sceptre, le trône et l'anneau,
Ils lui donnèrent l'armement invincible pour submerger l'ennemi.
Ils dirent: « Va, et coupe la vie de TIAMAT.

Et laisse le vent transporter son sang en des endroits
    secrets. »

MARDUK prépara l'arc, son arme favorite,
Il mit une lance en bandoulière. Il leva le gourdin de sa
    main droite.
L'arc et le carquois pendaient à ses côtés.
Il leva le DISQUE ENFLAMMÉ devant lui
Et avec la flamme, il emplit son corps.
Il créa un filet pour enfermer les parties internes de
    TIAMAT,
Il posta les quatre vents afin que rien d'elle ne puisse
    s'échapper;
Le vent du Sud et le vent du Nord et le vent de l'Est
Et le vent de l'Ouest. Il créa le vent mauvais,
Et la tempête, et l'ouragan, et le quadruple vent,
Et le septuple vent, et le cyclone,
Et le vent qui est sans égal;
Il envoya les vents qu'il avait créés, sept au total;
Afin de perturber les parties internes de TIAMAT.

Puis MARDUK éleva la foudre et monta sur le chariot,
Une tempête d'une terreur inégalée, et il harnachait
    quatre chevaux
Nommés DESTRUCTION, FÉROCITÉ, TERREUR et
    RAPIDITÉ;
Et de l'écume s'écoulait de leurs bouches et ils étaient
    forts au combat,
Entraînés à piétiner.

Avec des vêtements couverts de terreur et d'une
    luminosité écrasante
Couronnant sa tête, MARDUK parti vers l'enragée
    TIAMAT.
Et les dieux en furent témoins.

Et lorsque le seigneur s'approcha,
Il regarda les parties internes de TIAMAT,
Il entendit les marmonnements de KINGU, son époux.

Alors que MARDUK observait, KINGU fut troublé,
La volonté de KINGU fut détruite et ses mouvements
    cessèrent.
Et les dieux, ses aides, qui marchaient à ses côtés,
Virent la peur de leur chef
Et leurs visions se troublèrent.
Mais TIAMAT ne tourna pas le cou.
Elle cracha des mots rebelles.

MARDUK éleva la foudre,
Sa puissante arme, contre TIAMAT,
Qui rageait, et il appela:
« Tu es devenue grande puisque tu t'es exaltée
    bien haut,
Et ton cœur t'a poussée à déclarer la bataille.
Tu as élevée KINGU afin qu'il soit ton époux,
Tu as choisi le Mal et as péché contre ANU et son
    décret.
Contre les dieux, mes pères,
Tu t'es impliquée dans un plan malicieux.
Affrontons-nous alors maintenant en combat! »

Lorsque TIAMAT entendit ces mots,
Elle devint possédée et perdit la raison.
Elle cria sauvagement, des cris perçants,
Elle trembla et fut secouée jusqu'en ses fondements.
Elle récita une incantation, puis lança un sort,
Et les dieux de la bataille crièrent pour leurs armes.

Puis TIAMAT et MARDUK avancèrent l'un vers
    l'autre,

La bataille était proche.

Le Seigneur MARDUK tendit son filet et l'attrapa,
Et les vents malfaisants qui le suivaient il lâcha sur son
Visage lorsqu'elle ouvrit pleinement la bouche.
Les vents terribles emplirent son ventre,
Et son courage lui fut enlevé, et elle ouvrit la bouche
    plus grande encore.

MARDUK saisit la lance et fit éclater son ventre,
Déchirant ses parties internes, il perça son cœur.
Il triompha d'elle et lui enleva la vie;
Il fit tomber son corps et se tint dessus.
Après avoir tué TIAMAT, la meneuse des GRANDS
    ANCIENS,
La puissance fut brisée et ses laquais dispersés.
Mais ils furent cernés, afin qu'ils ne puissent pas
    s'échapper.

MARDUK les captura et brisa leurs armes;
Dans le filet ils furent piégés, au sol ils s'assirent.
Et sur les onze monstres qu'elle avait emplis
Avec le pouvoir de provoquer la terreur, il porta
    l'affliction,
Leur force il vola et leur opposition
Il écrasa sous ses pieds.
De KINGU qu'il avait conquis,
Il prit justement les Tablettes de la Destinée et les scella
    de son sceau
Puis il les fit pendre à son cou.

Maintenant, après que MARDUK ait conquis et fait
    tomber ses ennemis,
Et établi pleinement le triomphe d'ANSAR sur
    l'ennemi,

Et atteint l'objectif de NUDIMMUD [EA (ENKI)],
Sur les dieux captifs, il raffermit sa position,
Et il retourna vers la TIAMAT vaincue.
Avec le gourdin, sans pitié, il écrasa son crâne.
Il coupa à travers les canaux de son sang,
Et il dit au vent du Nord de s'en emparer et de
    l'emmener
À l'extérieur en des endroits secrets entre les espaces.

Ses pères regardèrent, se réjouirent et furent heureux;
Des présents et des cadeaux, ils lui apportèrent.

Puis le Seigneur MARDUK se reposa, regardant le
    corps mort
Et il établit un plan astucieux.
Il la sépara en deux moitiés plates comme un poisson;
Avec une moitié d'elle, il forma une couverture pour
    les cieux.
Scellé d'un PORTAIL, il plaça le GUETTEUR
    IAK SAKKAK
Et lui ordonna de ne jamais laisser ses eaux sortir.

MARDUK passa et arpenta les régions du Paradis,
Et dans les Profondeurs, il plaça la demeure de
    NUDIMMUD [ENKI].
Et après avoir mesuré la structure des Profondeurs,
Il fondit son Manoir,
Qui fut créé à l'image du Paradis et il mit en place
Les districts fixés sur lesquels régneraient ANU,
    ENLIL et ENKI.

Tablette V

MARDUK fixa les Portes Stellaires des Anciens
    Dieux[29];
Et aux étoiles, il donna l'apparence des étoiles du
    Zodiac,
Qu'il fixa en place.
Il ordonna l'année en sections, il la divisa;
Pour les douze mois, il fixa les étoiles.

Il établit sa Porte Stellaire sur NIBIRU[30] afin de les
    fixer en zones;
Afin qu'aucun ne puisse se rebeller ou s'égarer,
Il fixa la Porte Stellaire d'ENLIL[31] et d'IA [ENKI] à
    ses côtés.
Il ouvrit de grandes portes de chaque côté,
Il plaça de lourdes portes à gauche ainsi qu'à droite
Et au milieu de cela, il fixa le zénith;

Il fixa la Porte Stellaire pour le dieu-Lune
Et décréta qu'il brille,
Lui confiant la nuit et la détermination des jours;
La première des grandes portes il assigna à
    NANNA SIN
Et chaque mois, sans cesse il serait couronné,
Disant: « Au début du mois,
Alors que tu brilles sur la terre,
Tu ordonnes les trompettes des six jours de la lune,
Puis au septième jour, tu diviseras la couronne.
Au quatorzième jour, tu te tiendras à l'opposé en tant
    que demi-lune.

---

29 Présumées être la formation des planètes de l'univers local (système solaire).
30 Interprété par les savants comme étant la planète Jupiter.
31 ENLIL – Les tablettes indiquent BEL dans plusieurs versions.

Lorsque le dieu-Soleil du fondement du paradis
    t'appellera,
En ce jour final encore une fois tu te tiendras à
    l'opposé.
Tout se déroulera selon le chemin que j'ai tracé.
Tu t'approcheras afin de juger les vertueux
Et détruire les impies.
Voilà mon décret et le pacte de la première Porte. »
Les dieux, ses pères,
Regardèrent le filet que MARDUK avait fabriqué,
Ils regardèrent son arc et comment son travail fut
    accompli.
Ils louangèrent le travail qu'il avait accompli.
Et alors ANU s'éleva
Et embrassa l'arc devant l'assemblée des dieux.
Et ainsi il nomma les noms de l'arc,
Disant: « Long-bois sera un nom,
Et le second nom sera Tueur-de-Dragon,
Et son troisième nom sera Arc-étoile,
Au Paradis il restera en tant que signe pour tous. »
Puis ANU et MARDUK fixèrent une Porte Stellaire
    pour lui aussi
Et après que les ANUNNAKI décrétèrent les destinées
    des GRANDS ANCIENS,
MARDUK plaça un trône pour lui-même à la droite
    d'ANU.

Tablette VI

Les ANUNNAKI l'acclamèrent en tant que « Premier
    parmi les ANCIENS DIEUX. »
MARDUK entendit les louanges des dieux,
Son cœur l'appela à concevoir un plan astucieux.

Il approcha IA [ENKI], disant:
« La Clé de la PORTE sera cachée à jamais,
Excepté à ma progéniture.
Je prendrais mon sang et avec des os vais-je façonner une race d'homme,
Afin qu'ils puissent veiller sur la PORTE.
Et à partir du sang de KINGU vais-je créer une race d'homme,
Et ils habiteront sur la Terre au service des dieux
Afin que nos lieux sacrés soient construits et que les temples soient remplis.
Mais je vais altérer les manières des dieux, je vais changer leurs voies;
Ensemble ils seront opprimés et
Sur le mal ils ne régneront plus.
Je vais lier les ANCIENS DIEUX aux TOURS DE GARDE,
Qu'ils veillent sur la PORTE d'ABSU,
Et la PORTE de TIAMAT
Et la PORTE de KINGU.
Je lie le GUETTEUR IAK SAKKAK à la PORTE
Avec la Clé connue seulement de ma Race.
Que personne ne traverse cette PORTE, car
D'invoquer la MORT est prononcer la prière finale. »
Les ANUNNAKI se réjouirent et placèrent leurs manoirs à UPSUKKINAKU.
Lorsque tout cela fut accompli,
Les Anciens parmi les ANUNNAKI s'assirent autour de MARDUK
Et à leur assemblée, ils l'exaltèrent
Et le nommèrent CINQUANTE fois,
Lui accordant les CINQUANTE pouvoirs des dieux.

[La partie finale se trouve dans la *Tablette F*]

TABLETTE R
LIVRE DU RETOUR ET DES DERNIERS JOURS

La plupart des gens sont conscients que l'époque dans laquelle nous vivons est ultimement unique. Nous approchons de la « Fin des Jours », bien que cela n'implique pas nécessairement un cataclysme et nombreux sont ceux qui, de toute façon, ne vivront pas pour en voir l'aboutissement. Pour ceux qui sont liés à leurs systèmes matériels et autres glamours mondains, ce sera effectivement la « fin du monde ».

Pour ceux qui se sont préparé dans l'honnêteté-en-soi et ont appris la connaissance véritable, il n'y a aucune peur. La peur, la perdition et le chagrin ne vous mèneront qu'à votre chute. Oubliez les grimoires que vous avez peut-être lus, voilà qui sont les vrais DÉMONS : Peur, Chagrin, Perdition, Jalousie, Colère, Violence, Envie... Bien sûr, vous savez de quoi je parle.

Il y a une Source au-delà de cet Univers, mais nous sommes éloignés de celle-ci dans ce monde de Ténèbres qui se répand dans l'univers et continue son expansion. Les êtres de Lumière ne sont pas affaiblis, nous sommes simplement inférieurs en nombre et semblons être dans une position ou nous devons être constamment sur nos gardes. Les Ténèbres ne font pas cela. Elles ne questionnent jamais leur propre nature, ne se demandent jamais si ce qu'elles font est « bien ». Voilà une bataille que seul le vrai Chercheur doit combattre puisque les Ténèbres « sont », tous simplement.

L'utilisation de la « magie » est une application pratique qui consiste essentiellement à croire assez en vous-même pour agir sur ce qui est véritablement important par l'habileté à diriger le « Soi Illimité » à volonté dans l'honnêteté-en-soi. Tout votre pouvoir provient de l'intérieur donc de Soi et tous systèmes qui voudraient déplacer l'emphase de ce pouvoir à l'extérieur de Soi est une supercherie. Néanmoins, ce pouvoir est canalisé à partir d'une Source Illimitée à laquelle nous sommes connectés — la Source de TOUT — le TOUT.

Diriger la volonté et les énergies personnelles sous le contrôle de Soi est la partie la plus importante de tout procédé magique et avec le temps, les ritualisations cérémonielles prennent moins d'importance pour la manifestation de la volonté. Lorsque vous apprenez à travailler et à résonner avec le courant de l'univers, des choses ont tendance à « se produire ». Cela ne veut pas dire que vous pouvez simplement vous asseoir et ne rien faire, car l'utilisation de la vraie magie consiste en la compréhension de comment et où et quand appliquer la meilleure énergie pour les meilleurs résultats.

Le Droit Divin de MARDUK a été reconnu par les Mardukites modernes pour, enfin, compléter la vision de Babylone à l'aube d'un Nouveau Monde, une nouvelle Babylone, une perfection d'idéaux qui sont déjà prophétiquement décrits sous différentes formes et systèmes. Ce procédé est déjà enclenché. Au-delà de tout cela se trouve l'intégralité de la compréhension provenant du retour aux traditions mésopotamiennes dans leurs entièretés — une clé cachée discutée dans les textes mardukites subséquents.

En 2009, le premier Festival du Printemps A.KI.TI fut observé par des Chambellans mardukites dévoués lorsque les signes du Zodiaque firent leur entrée annuelle dans le signe du Bélier (le bélier de MARDUK) alors que la formation des Ministères mardukite fut au Solstice d'Été de 2008. Ces festivités continueront d'être observées par les Mardukites.

Pour Beltane[32] en 2009, le Nabu-Maerdechai actuel, Joshua Free (l'éditeur du présent livre) s'est rassemblé avec d'autres Mardukites partout autour du globe afin de conduire une « ouverture » synchronisée de la Porte de MARDUK. Dans une opération normale, cela serait accompli seul et la Porte serait refermée après le rite. Toutefois, pour BELTANE 2009, la Porte du Sud fut fortement ouverte par de nombreux pratiquants et laissée ainsi jusqu'à la Fin des Jours — à l'avantage de tous les dévots souhaitant directement avoir accès au courant de MARDUK. De nombreuses idées furent « accédées » en conséquence de ce travail et ceux qui l'ont suivi de près et en honnêteté-en-soi s'appellent aujourd'hui Chambellans. *Le résultat immédiat de ce « Travail du Portail » est la « Bible » que vous tenez en ce moment.*

Le soir du 30 avril est potentiellement le moment le plus puissant pour les travaux auprès des Portes de « notre » côté, existant à l'opposé du seuil connu de Samhain/Halloween, et les pratiquants de la tradition continueront de tenir des travaux auprès des Portes

---

32 *Beltane* — Littéralement les « Feux de Bel » tels qu'observés dans la tradition celtique. Le premier jour de mai est également important dans les Travaux des Portails du cycle du *Necronomicon* mardukite.

Stellaires, autant méditatifs (interne) que cérémoniels (ritualisés) lors de cette nuit.

La « clé » des Dimensions s'ouvre quotidiennement lorsque la « Grande Ourse pend par la queue... », mais cela semble être plus approprié à Beltane lorsque cela se produit juste avant le seuil de minuit. Par exemple, à Beltane 2009, le 30 avril était le sixième jour de la lune et s'est ouvert approximativement à 23h30. Selon Simon Peter dans son *Gates of the Necronomicon*, concernant la Porte de Beltane 2009:

> « Pluton continue sa montée à 23h30 à Beltane cette année. Jupiter et Neptune sont conjoints en Verseau, donnant lieu à des révélations spirituelles, aux illuminations et à l'énergie pour Marcher sur les Étoiles... »

GAGA/PLUTON se tient toujours en tant que messager de la porte (rien de nouveau ici), mais Jupiter (MARDUK) et Neptune (IA/EA/ENKI) se rencontrent en Verseau, le signe du « Seigneur des Eaux de la Vie » et le signe de notre Éon « Nouvel Âge »! [Peut-on parler d'une « réunion de famille »?]

Les Ministères mardukites, connus également sous l'appellation de Chambellans mardukites [*Ordo Nabu Maerdechai*] supportent les « Mardukites » modernes, ceux qui reconnaissent une tradition vivante composée d'une croyance en l'existence et la contribution des êtres ANUNNAKI et qui travaillent dans une tradition basée sur les écrits de NABU, le prophète-scribe et fils de l'être appelé MARDUK, qui fut nommé le « Seigneur de la Terre » par les anciens Babyloniens. Ces tablettes dépeignent MARDUK comme contributeur majeur dans la création et l'élevage des humains et de la « Race de Marduk » (Mardukites) et peut-être subséquemment, dans le travail accompli par les « Fils de Dieu » afin de fragmenter l'existence de la Source, comme ce fut fait de manière systématique.

À l'opposé des autres ANUNNAKI, MARDUK cherche à libérer l'humanité de l'esclavage qui nous a tenus éloignés de la vérité sur les origines humaines et les conditions de vie. L'objectif des Chambellans mardukites est de préparer la « Maison de MARDUK » ou le « Lien-Ciel-Terre » [DUR.AN.KI] qui est en tout et pour tout égal à « Soi », « Terre » et « Univers », Tout-en-Un. Cela inclut des procédés pratiques de réalisation de soi en plus de magies rituelles dramatiques, mais seulement celles qui existent du point de vue de l'honnêteté-en-soi en engagement et en service (et non pas simplement afin d'atteindre des objectifs mondains), et vers la réalisation de la Nouvelle Babylone — le Paradis sur Terre.

BEL ET LE DRAGON, LE DÉCLIN DE BABYLONE (APOCRYPHE DE DANIEL)

Lorsque le Roi ASTYAGES était réuni avec ses pères,
CYRUS le Perse succéda à son royaume,
Et DANIEL était un compagnon du roi,
Et il était distingué au-dessus de tous ses autres amis,
Les BABYLONIENS adoraient à travers l'idole de
    BEL,
Et chaque jour ils apportaient auprès du lieu sacré

Douze boisseaux de farine, quarante moutons et
 cinquante galons de vin.
Le Roi adorait quotidiennement aussi en ces lieux,
Mais DANIEL adorait son propre Dieu.
Le Roi demanda à DANIEL, « Pourquoi n'adores-tu
 pas BEL? »
DANIEL répondit, « Parce que je ne vénérerais pas une
 idole artificielle,
Seulement le Dieu Vivant qui créa le Ciel et la Terre,
Le véritable et tout puissant souverain des hommes et
 Seigneur des terres. »
Et le Roi demanda, « BEL n'est-il pas un Dieu vivant?
Ne vois-tu pas qu'il mange et bois abondamment
 chaque jour? »
DANIEL rit: « Ne soit pas dupé mon ami.
L'idole est faite d'argile et de métal et n'a jamais rien
 mangée. »

Alors le Roi devint furieux et appela les prêtres de
 BEL, disant:
« Montrez-moi qui mange les offrandes au lieu sacré.
Si tu prouves que BEL mange, alors DANIEL mourra
 en blasphémateur. »
DANIEL accepta.
Il y avait soixante-douze prêtres de BEL et leurs
 familles.
Le Roi parti avec DANIEL au lieu sacré de BEL.
Les prêtres dirent:
« Tu peux placer la nourriture sur l'Autel d'Offrande
 puis
Le Roi va fermer la porte et la sceller avec le sceau. »
Cela fut fait, mais DANIEL ordonna que ses serviteurs
 apportent des cendres,

Afin de les répandre sur l'entièreté du plancher du lieu
    sacré. Puis tous partirent.
Les prêtres vinrent la nuit avec leurs familles, comme
    souvent auparavant,
Et ils mangèrent la nourriture et le vin qui y fut laissé
    Sur l'Autel d'Offrande.

Le Roi et DANIEL se levèrent tôt le lendemain
Et partirent vers le lieu sacré.
Le Roi demanda: « Les sceaux sont-ils brisés? »
DANIEL acquiesça.
Aussitôt que le Roi ouvrit les portes,
Il vit que la table était vide,
Et il cria bruyamment: « Tu es grand, BEL, toi qui ne
    nous as pas trompé. »
DANIEL rit en empêchant le Roi d'entrer, disant:
« Regardez Sir, le plancher et voyez les empreintes
    de pas. »
Le Roi regarda et dit avec colère:
« Je vois les empreintes des pas d'hommes, de femmes
    et d'enfants! »
Le Roi fut enragé
Et ordonna aux prêtres de lui montrer les portes
    secrètes,
Puis les prêtres et leurs familles furent tués.
Le Roi donna l'idole de BEL à DANIEL
Et il détruisit l'idole ainsi que le lieu sacré de BEL.
Il y avait également un grand serpent [*dragon*]
Qui était adoré près de cet endroit.
Et le Roi dit à DANIEL,
« Nies-tu qu'il s'agisse là d'un dieu vivant? »
DANIEL répondit: « Je ne vais vénérer que mon Dieu
    le Seigneur vivant,
Mais avec votre permission

Je vais tuer ce serpent sans épée ni bâton. »
Et le Roi accepta.
DANIEL nourrit le serpent avec des grumeaux de goudron brûlant
Ce qui le fit exploser.
DANIEL déclara: « Regarde maintenant l'objet de ton adoration! »

Lorsque les BABYLONIENS entendirent cela, ils furent furieux
Et ils conspirèrent contre le Roi disant:
« Le Roi est un Juif! Il a renversé BEL,
Tué notre serpent [*dragon*] et massacré les prêtres de BEL! »
Ils allèrent au palais du Roi et demandèrent:
« Livrez-nous DANIEL ou nous allons vous tuer et brûler votre maison! »
Le Roi vit que la situation était désespérée
Et se résolut à livrer DANIEL.
Ils le lancèrent dans la fosse aux lions où il resta pendant six jours,
Et il y avait sept lions affamés dans la fosse.
Le prophète HABAKKUK était en Judée à cette époque,
Il cuisinait dans les champs
Lorsqu'un émissaire [« être angélique »/IGIGI/ANUNNAKI] descendit:
« Apportes ta nourriture à DANIEL dans la fosse aux lions de BABYLONE. »

Lorsque HABAKKUK accepta, l'émissaire l'éleva jusqu'à BABYLONE.
« DANIEL, prends le repas
Que le Seigneur Dieu m'a envoyé t'amener. »

Et DANIEL pria:
« Tu ne m'as pas oublié, Seigneur Dieu,
Moi un vrai serviteur qui t'aime. »
Lorsque DANIEL se leva et mangea,
L'émissaire ramena HABAKKUK chez lui.
Lorsque le Roi vint pleurer DANIEL le septième jour,
Le Roi trouva DANIEL assis
Et il alla l'aider en disant à voix haute:
« Tu dois être grand, Seigneur Dieu de DANIEL,
Et il n'y en a pas d'autres comme toi. »
Lorsque DANIEL fut sorti sain et sauf de la fosse,
Ceux qui avaient agi contre lui furent spontanément
    dévorés.

LE PARCHEMIN DU DESTRUCTEUR

Les hommes ont depuis longtemps oublié les jours du
    Destructeur.
Seuls les sages parmi les hommes savent de quoi il
    s'agit,
Où cela se produisit et le moment où il reviendra à
    l'heure convenue.

Aux Jours de la Colère, il fit rage à travers les cieux,
Flottant sur un nuage de fumée, enveloppé d'une lueur
    rouge.
De la fumée, des cendres et des flammes vinrent de sa
    bouche abyssale.

Les Éons passent, la roue tourne,
Et les lois s'opèrent sur les Étoiles au Paradis.
Les voies des Étoiles [Sphères] sont altérées,
Les Cieux seront en confusion comme sur Terre.

Dans les jours où le Destructeur reviendra,
Les gens auront le Grand Livre ouvert devant eux.
La sagesse est révélée pour ceux qui s'assemblent pour
 le Dernier Combat.
Gardiens des Tours de gardes qui restent alertes face au
 retour,
Combien de temps durera votre vigile, et vous qui
 n'êtes pas prêt,
Attendant de comprendre,
Où vous cacherez-vous dans la Désolation?

Dans les redoutés Jours de la Ruine,
Le Lien du Paradis et de la Terre échouera
Et la Terre et le Ciel seront séparés en deux,
Bien que les hommes disent que de telles choses ne sont
pas destinées à se produire à notre époque.

Que le Grand Dieu accorde que ce soit ainsi...

UNE COMPLAINTE POUR BABYLONE ET LES DERNIERS JOURS DE LA TERRE

Sainte vision. Sainte vision. Que vois-je devant moi?
Les cieux sont emplis de terreur. La terre tremble sous
 mes pieds.
Lorsque hors de ma fenêtre je m'attends à voir la
 lumière du jour, seules les Ténèbres sont là.
Dans les cieux, les nuages funestes se sont assemblés et
 font pleuvoir la mort.
Lorsque l'éclat de l'éclair cessa,
Tout fut encore recouvert de ténèbres,
Et tous ceux qui eurent vécu, se sont changés en
 poussière.

Durant l'âge d'ISHTAR,
Durant le règne d'AKKAD SHARU-KIN (Sargon),
MARDUK tourna la tête, la pauvre BABYLONE avait fait un sacrilège.
Partout de l'est à l'ouest le jour s'était changé en ténèbres.
Le lit des rivières avait changé leur écoulement,
Et les yeux du dieu avaient regardé ailleurs, la terre devait périr,
Et les yeux du dieu avaient regardé ailleurs, le peuple devait périr.

Mais cela n'est rien à comparer à ce qui viendra lors des Derniers Jours.
Ce qui s'y fera n'a jamais été fait sur Terre.
Dans les Derniers Jours, la vie humaine sur Terre périra complètement,
Et les terres seront endommagées au point de ne plus soutenir la vie,
Et les cieux seront assombris afin de ne plus laisser passer la lumière du Soleil,
Et il ne sera permis à rien de vivre sur Terre.
Premièrement l'explosion malfaisante puis la funeste tempête,
Les cieux seront séparés en deux et la Terre sera empalée.
La face de la Terre sera frappée comme jamais auparavant.
Durant les jours du Destructeur, cela faillit arriver
Alors que la Terre s'était assombrie,
L'ombre était passée sur son visage
Et le Vent Malfaisant naquit à nouveau.
Vous avez reçu la royauté sur Terre
Mais un règne éternel ne vous fut pas accordé.

À nouveau, MARDUK vint afin de bâtir le Fondement Ciel-Terre,
Et les souverains inconnus [de la foi] lui viendront en aide,
Et il sera alors connu en tant que « l'Homme-Fils Triomphant ».
Les armées de MARDUK vaincront les injustes
Et les malfaiteurs, les gens [alignés] vivant en son temps
Se réjouiront de leur liberté,
Mais malheur à ceux qui ne sont pas préparés,
Qui n'ont pas appris les secrets des âges.
Et alors un nouveau Roi s'élèvera à BABYLONE, assit à côté du prophète.
Un nouveau temple dédié aux Cieux sera élevé;
Une nouvelle BABYLONE s'élèvera.
Le Fondement Ciel-Terre se tiendra telle une montagne.
Et la Voie des Portes des Dieux [Escalier du Paradis] sera ouverte!
Là, les serviteurs de MARDUK lui tiendront la main,
Afin de mener la procession du Dieu Ressuscité vers le trône triomphant.

TABLETTE D'UNION
LA DESTINÉE SECRÈTE DES ANUNNAKI

Toutes vies sont précieuses dans le simple fait qu'elles vivent.
La vie EST — existant contre toute attente,
Et la Vie grandit et se développe en suivant un cours.
L'Amour est la Volonté et l'Amour crée les émotions.
L'Amour est tout en ce monde.
Dieu est l'Être Suprême, qui représente

Le Pur et Véritable Tout-Puissant Amour,
La Lumière qui lie et unit l'Univers
Dans sa Création et sa Destruction.

Dieu est la conscience au centre de toute Vie.
Lorsque vous placez de l'Amour et de la Lumière dans
      la Vie, qui est Dieu,
L'esprit de cette vie devient Éternel.
Le « Diable » est le nom donné à la voie qui mène
À faire du mal aux autres et à soi-même à l'encontre de
      l'ordre naturel,
Et de promouvoir la croyance qu'il est possible de vivre
      sans Amour.
Vous ne pouvez pas exister sans Amour.

L'Amour est également en ce qui est « Mauvais », afin
      que cela puisse exister,
Car l'Amour du « Mal » manifeste les Démons appelés
Jalousie, Misère, Avarice, Douleur et Chagrin.
Mais toutes Vies ne font qu'Une en Égalité et
Il n'y a pas de « bon » ou de « mauvais » choix.
En et par l'amour de Dieu, l'homme et la femme furent
      créés afin de créer
Avec la création manifestée de l'Amour qu'ils
      détiennent.

Le pouvoir de créer est dans l'Amour
Et le pouvoir de détruire est dans l'Amour
Vivre pour toi seul hors de l'Amour est de s'unir avec
      l'Avarice.
Puisque l'Amour de Dieu est en toutes Vies,
L'État d'Unité Naturel de toutes Vies est d'Aimer
      toutes Vies.

**CHAMBELLANS
MARDUKITES
CANADIENS**

APPENDICE

**CHAMBELLANS
MARDUKITES
CANADIENS**

DISCUSSIONS ET QUESTIONS

[Liber N]

1. Pourquoi les humains furent-ils initialement améliorés?

2. Quel est l'objectif d'une existence fragmentée fondée sur la polarité?

3. Quelle est la fonction des «Portails» scellés du système Babili?

4. Pourquoi Inanna-Ishtar «descend» elle dans le Sous-monde?

5. Expliquer les objectifs politiques et spirituels de l'Enuma Elis.

6. Comment et pourquoi Marduk s'approprie-t-il les cinquante noms?

7. Quelle est la fonction de la série de tablette Maqlu?

CATALOGUE DES TABLETTES MARDUKITES

[*Grade II – An 1*]

Tablette A – Le livre des Anunnaki, des Guetteurs et des Igigi (*Liber N*)

Tablette B – Le livre des Portes Stellaires Bab.ili (*Liber N*)

Tablette C – Le livre des traversées et du sous-monde (*Liber N*)

Tablette D – Le livre de Dzyan et de l'univers (*Liber L*)

Tablette E – Le livre des éclipses et de l'astrologie (*Liber L*)

Tablette F – Le livre des cinquante noms de Marduk (*Liber N*)

Tablette G – Le livre des générations et de la naissance de l'homme (*Liber N*)

Tablette H – Le livre des migraines et de la démonologie (*Liber 9*)

Tablette I – Le livre du code des manuscrits (*Liber 9*)

Tablette J – Le livre de Al-Jilwah (*Liber 9*)

Tablette K – Le livre de la royauté et du sang du dragon (*Liber N*)

Tablette L – Le livre de la loi de Marduk (*Liber L*)

Tablette M.0 – Le livre des exorcismes et du bannissements Maklu (*Liber N*)

Tablette M.1-9 – Le livre des tablettes Maqlu (*Liber M*)

Tablette N – Le livre de la némésis et l'Enuma Elis (*Liber N*)

Tablette O – Le livre des oracles chaldéens (*Liber G*)

Tablette P – Le livre des prières et des liturgies (*Liber L*)

Tablette Q – Le livre des Qlippoth (*Liber 9*)

Tablette R – Le livre du retour et des derniers jours (*Liber N*)

Tablette S – Le livre de Sajaha la prophétesse (*Liber S*)

Tablette T – Le livre de Nabu-Tutu et l'Hermeticum (*Liber L*)

Tablette U – Le livre du sous-monde (*Liber 9*)

Tablette V – Le livre des variations (*Liber 9*)

Tablette W – Le livre de Marduk par Nabu (*Liber W*)

Tablette X – Le livre des traversées des portes-stellaires Ilu (*Liber G*)

Tablette Y – Le livre des notes cérémonielles des gardiens des portails (*Liber G*)

Tablette Z – Le livre des litanies zoroastriennes (*Liber L*)

Liber L   *Liber G*   *Liber W*

L'éditeur

Ayant fait ses débuts dans l'univers de l'occultisme underground dans les années 1990 sous le pseudonyme Merlyn Stone, **Joshua Free** réapparut dans la scène publique en 2008 avec le lancement des Ministères mardukites et de ses divisions: Le Concile de Nabu-Tutu (Mardukite Truth Seeker Press) ainsi que les Chambellans mardukites (Mardukite Research Organization) au solstice d'été de cette même année.

Les écrits prolifiques de **Joshua Free** inclus des classiques originaux tels que: *The Sorcerer Handbook, Arcanum,* et *Draconomicon* en plus des ouvrages populaires des Mardukites incluant *Necronomicon: The Anunnaki Bible, The Sumerian Legacy, Necronomicon Revelations -or- Crossing to the Abyss: Nine Gates of the Kingdom of Shadows and Simon's Necronomicon, Practical Babylonian Magic: Invoking the Power of the Sumerian Anunnaki* et *The Anunnaki Tarot.* Sa contribution au domaine du néodruidisme est également cruciale, incluant les ouvrages de références *The Druid's Handbook, Elvenomicon -or- Secret Traditions of Elves and Faeries* et *The Book of Pherrylt*. En 2011, il lança la branche post-moderne de philosophie et de science appliquées nommée « Systémologie » avec les ouvrages *Reality Engineering* et *The Tablets of Destiny: Using Ancient Wisdom to Unlock Human Potential* ainsi que le manuel pratique de défragmentation du Soi, *Crystal Clear*.

Le traducteur

David Zibert est le Patesi canadien de la branche mardukite d'Amérique du Nord. Il est un alumni parmi les Chambellans mardukites et un membre du Concile de Nabu-Tutu. Ses écrits apparaissent dans différents ouvrages mardukites dont *The Sumerian Legacy, Elvenomicon -or- Secret Traditions of Elves and Faeries* et *The Vampyre's Handbook*. Il dirige également sa propre chaîne YouTube appelée *The Outer Hierophant*. Le travail de traduction qu'il offre aux Mardukites assiste grandement au développement international de l'évolution de l'être humain.